Dit is het Beloofde Land, zei God tegen Moses. Dit land van melk en honing is waar jouw volk zal wonen.

Proloog

Lang geleden, en we praten over vele duizenden jaren geleden, was er een vruchtbaar land aan de oostelijke kust van de Middellandse Zee. Het had een rivier, genaamd Jordaan, en het land ten oosten ervan was genoemd naar die rivier, en huisde Bedoeïenen en Palestijnse mensen. Het land ten westen ervan is Israël; dit is waar het Joodse volk een plek vond om te leven, te werken en opnieuw op te bloeien.

Maar zoals altijd is er geen gratis lunch. Er dient ten allen tijde voorzichtigheid betracht te worden, en het eerste moment dat dit uit het oog wordt verloren, is er alweer een bloedbad.

Welkom in de realiteit van de mensen van Israël. Sommigen noemen het 'isra-hell'. Sommigen willen nog altijd dat alle joden sterven, en aanbidden Adolf Hitler. Anderen hopen dat twee verschillende cultures toch kunnen leren om samen te leven.

Het moet allemaal vanuit het hart komen. En overal moet voor gewerkt worden, er valt geen manna uit de lucht.
Voor wie bereid is dit te doen, in vrede en harmonie, is een heel goed leven mogelijk, een gezond, welvarend en gelukkig leven.

1

Nederland

'Hamas, hamas, alle Joden aan het gas' luidden de spreekkoren op de voetbal tribunes als Ajax speelde. Hoewel de goegemeente er schande van sprak, werd hier nauwelijks tegen opgetreden, en bleef het koor groeien.

Rond die tijd studeerde ik ergens in het land aan een klein schooltje dat pretendeerde journalisten op te leiden. In de praktijk kwam het neer op een stel drinkebroers en zussen die graag kritiekloos volk opleidden dat op tijd kwam. Dit was het enige criterium waarop geselecteerd werd. Wie uit Limburg of Brabant kwam, had extra punten. Mijn wieg stond in Nijmegen, Gelderland.

Nadat ik met weinig moeite door de propedeuse kwam ging ik meer activiteiten ontplooien. Vrijwilligers werk als barman bij het muziekpodium Paradox leek me een goede bijdrage aan de gemeenschap, waarbij ik ook over muziek kon leren. Ik nam de feestcommissie over van een vriend en heb een stuk of drie

grote schoolfeesten georganiseerd Toen een schoolbandje werd
opgericht, meldde ik me aan voor de rol van bassist. Ik nam
bas-lessen, schreef voor allerlei bladen, leerde werken op de
Macintosh waarop ik mezelf wat leerde programmeren, voor de
lol. De Puch oldtimer brommer-club nam tijd in beslag, ik werd
ook vrijwilliger voor de Pythische Spelen en voordat ik het wist
was er eigenlijk geen tijd meer voor school; ik nam een zomer-
stage in de vakantie om tijd te winnen.

Als eén van mijn favoriete docenten op de AJV zegt dat er een
reis naar Israël en Jordanië georganiseerd wordt, wil ik mee.
Het jaar ervoor had ik stage gelopen op werkelijk de saaiste
plek in Nederland, genaamd Waalwijk, waar in de zomer -de
enige periode waarin ik ingeroosterd kon worden voor de kranten stage- op het wisselen van kleur van het plaatselijke sto-
plicht na, eigenlijk niks gebeurt. Om daar drie maanden lang
nieuws artikelen te schrijven was best een uitdaging. Ik was
eigenlijk trots dat ik daarin geslaagd was, en ik had nog maar
enkele dagen te gaan, waarbij mijn stagebegeleider in overleg
met de redactie al besloten had dat ik zou slagen. Goede reden
voor een feestje dus, dacht ik.
Plotseling, de op eén na laatste dag, kwam de docent waarmee
ik het al tijdens zijn Argus-module aan de stok had, het redactielokaal binnen stormen, met grote passen liep hij naar mij
toe, en ik schrok van zijn boze kop, een beetje rood aan-
gelopen, alsof hij de dag ervoor in de kroeg had doorgebracht.
'Jij gaat hiervoor geen voldoende krijgen' zei hij, mij strak
aankijkend. Ik voelde mijn maag omdraaien. Had ik nou echt
drie maanden voor Jan met de korte achternaam elke weekdag
een uur van huis naar werk, en een uur terug gereden?
Het bleek dus inderdaad het geval te zijn, want de redactiechef
ging mee met het verhaal van de eikel-docent, die natuurlijk
allerlei leugens had verteld waar ik achteraf enkel naar kan vissen. De man haatte mij, hoorde ik later, omdat ik leuke meiden
om me heen had, ik was populair op school: ik was én
feestcommissie (waarbij ik trots kan melden nooit ook maar
een cent uit de kas gegraaid te hebben), én zat in de studenten-

raad (meer een soort revolutionair comité), ik had lang haar dat er toen nog goed uitzag, een Palestijnen-shawl, leren jas, ik was vrijwilliger bij de Paradox, eigenlijk het enige interessante café in Tilburg vanwege de band met het conservatorium, ik was redactielid van de oldtimer brommer club, enzovoort. O ja, ik moet de schoolband niet vergeten, en het werk-bandje waar ik in zat met een leuke meid op saxofoon. Een enkele keer kwam ik wat later op de stageplek, waar dankzij het zomerreces ook bijzonder weinig te doen was; heel regelmatig was het hele redactielokaal leeg. Ik vond het dus uiterst vreemd dat de chef van de redactie, wiens naam ik uit piëteit niet zal noemen, mij zomaar als een baksteen liet vallen. Hè Ad! Ik kreeg een boot reisje door de Biesbosch.

Het maakte mij eigenlijk ook niet uit.
Voordat ik aan de academie -te groot woord, zeg maar gewoon school- begon, had ik al een journalistieke carrière bij het stu-dentenmaandblad 'ANS', de opvolger van de krant waarvoor Nijmeegse legende Pé Hawinkels werkte. Ik had bij de studen-ten vakbond AKKU stakingen mee georganiseerd en leerde daar René Danen kennen, die later in Amsterdam de leider was bij Amsterdam Anders, de opvolgers van Provo, waar Roel van Duijn dus nog lid van was voordat hij de overstap naar Groen Links maakte. Die vond macht dus uiteindelijk toch aantrekke-lijker dan protest.

Enkele artikelen die ik had geschreven veroorzaakten interna-tionaal behoorlijk grote opschudding want het ging over het effect van stuff op de studie, of over de high die je krijgt van didgeridoo blazen (een artikel dat geweigerd was in het schoolkrantje omdat de docent -je raadt het al- niet wist wat een 'didge' is). Zo ging dat in een katholiek stadje in Zuid-Ned-erland in 1994. Ach, het had ook slechter gekund, ik had ook econometrie kunnen studeren.

Maar uiteindelijk ben ik geen kranten-journalist, en de man dankbaar mijn leven zo in te richten dat ik dat ook nooit zou

worden. Hij heeft me dus wel vier jaar collegegeld gekost, die
klootviool. Ik werkte elke vakantie daarvoor, in domme fab-
rieken, magazijnen, plaatsen die je liever vergeet voor de rest
van je tijd. Het laatste jaar moest ik trouwens mijn OV-kaart
terugbetalen, omdat die maar zes jaar geldig was. Niet dat ik
daar enige waarschuwing voor ontving.... Ik had eigenlijk direct
de schuld noodvoorziening in moeten gaan daarmee. Rekken,
zo werkt dat. Toch zit ik niet zo in elkaar: ik los problemen op.
Met die instelling heb ik later jarenlang in de IT gewerkt.

Omdat ik altijd geld nodig heb, zat ik te denken aan mogelijke
artikelen. Voor de ANWB een wandel- of kanotocht beschrijving? Kun je eigenlijk wel kanovaren daar? Een stukje over het
kampeerklimaat in Jordanië? Dan ben je wel snel klaar. Er is
ruim voldoende zand om uw tent op te zetten en haringen in te
slaan. De hitte overdag, en de kou 's nachts zullen echter deze
kampeervakantie tot een onvergetelijk zware maken.
Bladen over gezondheidszorg kon ik wellicht aanschrijven voor
een stukje over derde wereldziekten in een Palestijns ziekenhuis. Ik dacht dat dit wellicht een plan was, en zocht op waar ik
het ziekenhuis in Gaza kon vinden.
Voor de Highlife of EssensiE kon ik een stuk over de hash
velden in de Beka'a vallei schrijven -maar ik hoorde dat ik daar
nooit in zou komen zonder kruiwagen.
Een interview met Samir Geaga 'Al Hakim' misschien? Maar alle
aanslagen van vóór 28 maart 1991 zijn vergeven. Staat in mijn
aantekeningen, ik heb nu eigenlijk geen idee waar het op slaat;
dit is dus achtentwintig jaar geleden geschreven, door een jongere versie van mij, vol energie nog, vol hoop op een betere
wereld.
Ik kon de Jordanese economie beschrijven voor FEM. De volk-
skrant had echter het gras voor mijn voeten weggemaaid met
een stuk op elf januari van het jaar ervoor.
Amnesty dan. Maar dat is vrijwilligers werk, die betalen niet.
Toch kan ik daar mijn stukje plaatsen, als het nergens anders
terecht kan. Uiteindelijk moet ik toch mijn huur betalen, dus
besluit ik mogelijke resultaten van de reis in geld om te zetten,

liever dan het voor nop weg te geven. Ik doe al genoeg vrijwilligerswerk, is mijn idee. Gelukkig hielp een vriend met wat extra inkomen.

Als journalist zocht ik natuurlijk naar het verleden van die docent, en kon geen enkel artikel van zijn hand vinden. Hij zou voor de <u>volkskrant</u> hebben gewerkt, geen aanbeveling volgens mij.

2

Reisvoorbereidingen

De AJV had wat mensen uitgenodigd om te komen praten over Israël. Vanuit het Nieuw Israëlisch Weekblad (NIW) kwam Tamara Benimah. Volgens haar telt Nederland ongeveer dertigduizend Joden. Meer dan in Polen, minder dan in de meeste omringende landen. In Nederland is het hoogste percentage (80%) Joden opgepakt van alle landen die Hitler had bezet. Het land had de beste bevolkingsadministratie, en de moeilijkst te kopiëren persoonsbewijzen van alle landen die de moffen bezet hadden, maar ook relatief het hoogste percentage verraders, spionnen, bij de NSB en landwacht.

Het Jodendom is afkomstig uit Afrika, denkt men. Verschillen in dans, cultuur, rituelen rondom geboorte, initiatie en dood waren de oorzaak; in Ethiopië ontdekte men in de jaren vijftig een groep die eeuwenoude joods gebruiken had. In de oudheid waren Joden vaak soldaten, boeren en armelui. Altijd was het een volk in verzet, al in Babylon, toen Egypte, waar men tijdens de Exodus heen ging, en toen tegen Rome. Autonome recht-spraak en onderwijs was toegestaan nadat men terugkwam uit de Diaspora. Het familie-clan systeem bleef, maar men had geen diplomaten, geen buitenlandse zaken. Net als wat de Palestijnen nu nog altijd hebben, geen land of autonomie.

De leef- en denkwijze verschillen van de onze. Als het om leven en dood gaat vervallen de sabbat wetten, en dat heet 'ca-suïstiek' (bijvoorbeeld een arme genoeg geven om zijn waardigheid te kunnen behouden. Of niet werken tijdens de sabbat, tenzij er weer een uitzondering is).
De wet beschermt het individu, collectief, natuur en god tegen elkaar.
Je kunt Jood zijn zonder in God te geloven (geschat wordt dat 90% zo leeft). Vergelijk het met Grieks drama: daar doen de go-den er voor ons ook niet zo toe.
In de VS wonen veel Joden, die grotendeels zijn geassimileerd, ook uit angst voor een herhaling van de pogroms. Sommigen, zoals in Brooklyn (geportretteerd door schrijver Chaim Potok) houden juist vast aan de oude gebruiken, met name Chassidis-che Joden. Ze weten dat ze een vervolgd volk zijn dus kiezen ze vaak voor beroepen die overal uitgeoefend kunnen worden.

Het Zionisme is een verdediging tegen pogroms, dat uitgaat van het recht op zelfbeschikking, en dus op eigen land. De droom om naar Israël terug te keren is er altijd al geweest, sinds de Di-aspora. Een geweldsmonopolie is de basis, de opbouw van één cultuur, zoals in Amerika of Nederland.

De Messiaanse tijd begint als alle bannelingen terug zijn van de Diaspora, dan is de straf van God over.

Het NIW vindt kritiek op de terugkeer een soort blasfemie, net als de ultra orthodoxen: waarom zou je niet gewoon terugkomen naar het beloofde land, nu dat kan?
De Israëlische politiek zocht begin jaren negentig op diverse fronten toenadering tot Palestijnen, ook al steunden die Hamas, dat tot doel heeft Israël te vernietigen. Waarom? Wellicht vanwege hun identiteit.

Enerzijds zijn Joden Israëli's, een hip volkje dat zich op alle fronten modern voordoet, cultureel gevoelig, intellectueel vergevorderd, blijdschap in de bus, veel hallelujahs. Anders zijn ze racistisch, gefrustreerd tot en met, a-relaxed, kunstmatig, opgewarmde lijken met afschrikwekkende ideeën; waar kies je voor?

Op Schiphol blijkt El Al een eigen afdeling te hebben, voor de veiligheid. Iedereen werd stevig ondervraagd, met name over

contacten met moslims. Het was nog maar enkele jaren geleden
dat een jumbojet van deze vliegmaatschappij in de Bijlmer
terechtkwam. En de eerste Intifadah was nog maar net anderhalf jaar over, toen wij in Israël kwamen.

Dit was voor mij de allereerste keer in een vliegtuig, dus wilde
ik het beschrijven. Een ervaring met een grote E. Opstijgen:
wachten, taxiën, eindeloos taxiën, en dan gaan we met re-
delijke tot grote kracht vooruit, de maximumsnelheid wordt ver
overschreden, en plotseling zijn we in een schuine hoek en zie
ik langs de vleugelrand de stadslichten wegdraaien. We blijven
een steile hoek maken alsof we in de start-helling van een eindeloze achtbaan zitten, maar zonder het geratel. Na een
kwartier vliegen we in een rechte lijn. Zodra we daar aan zijn
gewend komt het eten. Volop bier ook, en dure whiskey. Blijk-
baar willen ze ons een mooie ervaring geven. Achterin kon toen
nog gerookt worden dus is het hele gangpad vol. Dat er een
'abnormaal normale' wc aan boord is vond ik tof.
Eigenlijk raar, die hele luchtvaartbedoening: je zit op elf kilometer hoogte, met een buitentemperatuur ver onder het
vriespunt, en het is lekker warm, er draait een film, men slaapt.

Met flapperende vleugelpunten vliegen we door het 'gouden
ochtend dauw' wolkendek, dat eruitziet als suikerspin materi-
aal dat de aardse contouren verhult. Zodra we erdoorheen zijn
is meteen de kustlijn van Tel Aviv en de bebouwing zichtbaar:
een omgevallen blokkendoos met alle tinten wit.

3

Israël

Eenmaal uitgecheckt blijkt alles heel mediterraan, de warmte, geuren, die sfeer van klimrekken, hekwerken en eindeloze bouwputten, kleinschaliger dan in het westen gewend, maar een omgekeerd evenredig serieuze politie, die in leger uniformen zijn gehuld. De chauffeur heeft zijn bus gepoetst: de wieldoppen glimmen.

Ik begin te schrijven in mijn kladblok, en dat is niet altijd gemakkelijk in een bus op een bochtige, drukke weg. Gelukkig kan ik het gekriebel bijna dertig jaar later nog lezen, soms nadat ik het vergroot.

De kleine airport is snel verlaten, de autobaan heeft geen middenberm maar rood-witte betonnen blokken aan de zijkant. De auto's zijn van normaal formaat, vergelijkbaar met Europese wagens. Aan de horizon zijn overal flatwijken te zien. De

wegsignalering is in Hebreews en (eronder) Engels. Het is uit-
bundig groen en zo'n 20 tot 25 graden Celsius, in februari.
Overal palm- en cypress bomen. Roestige golfplaten bouwsels,
beton vlechtwerk, 's ochtends om acht uur is iedereen al druk
aan het werk.

Ook hier staan trosjes wachtenden bij de bushaltes. Winkel-

centra. Afvalhopen en lege vlaktes, pampa's, vol geel koolzaad
die de rotsige bodem langzamerhand geschikt maken voor
landbouw. Drukke tankstations met slaperige militairen die
machinegeweren dragen, bij de bushalte.

Er is een veelheid aan architectuur. De daken hebben voornamelijk rode pannen. Een ommuurde tuin herbergt een schotel. De chauffeur vermaant iemand met zijn claxon. Over de
snelweg zijn loopbruggen. Een verlaten buitenwijk van Tel Aviv,
we rijden langs een park vol zendmasten, en komen bij de badplaats Natania, waar de laatste grote aanslag drie weken geleden gebeurde. Op een voetbalveld staan sproeiers, maar er is
geen gras, slechts zand.

Men vergelijkt de Palestijnen met de ETA in Spanje, die ook bom aanslagen pleegt.

(Terugblikkend naar 1995 vanuit 2023, heeft de EU toch voor éénheid gezorgd in Europa. We waren die hele ETA, net als de IRA en RAF trouwens helemaal vergeten!)

De decors doen me denken aan Spanje, maar er zijn verschillen, zoals 'keep your line'; de bevolking van de badplaats is half Israëlisch, half Arabisch. In februari is het nog groen, maar in april is alles bruin en verschroeid. De felle ochtendzon zorgt dat er hoofdpijn door de dikke laag alcohol heen trekt. Overal wordt flink gebouwd, er zijn geen culturele trekpleisters. Sinaasappels vallen van de bomen. Is het een zootje of zien we de structuren nog niet? Er is veel vuilnis, lawaai van dieselmotoren, en stank. We oefenen ons in het niet lachen om Jodenmoppen. Veel autowrakken en in Israël gebouwde zonnepanelen.

In de Romeinse en Byzantijnse tijd was hier een belangrijke haven, en een stad genaamd Ceasaria met veertigduizend inwoners.

Kruisvaarders versterkten het in de twaalfde eeuw met stadsmuren en er kwam een amfitheater, de stad lag aan de Via Maris, de belangrijkste weg langs de zee waarover handelskaravanen kwamen. Goed beschouwd is het Midden-Oosten een landtong tussen Azië en Afrika.

Hier zijn flinke historische vondsten gedaan, zoals het Romeins amfitheater, de kruisvaarders-burcht (met schuine muren en een nog door Herodes gebouwde golfbreker alsmede een aquaduct dat Herodes bouwde, dat letterlijk water naar de zee vervoert. Zoet water, dat wel). Israël heeft mooie stranden, en alle parken hebben een ingenieus bewatering systeem. Soms zie ik cactussen met kleurige bloemen. Dit jaar kent een vroege lente, de velden zijn geel, de bomen hebben bronsgroene lange bladeren. Rechts is een dal achter blauwe heuvels. We rijden nu door de West Bank, waarvan Nabluz de hoofdstad is.

Veel sinaasappel-boomgaarden. Soms verlaten huizen, een treinwagon, villa's tegen heuvels vol bomen. Nieuwe opgravingen langs de weg. Het wordt bewolkter en heuvelachtiger. Soldaten zetten vijftien jaar geleden koeien in de woestijn, die beplant en geïrrigeerd werd, en dit is nu een van de grootste melk leveranciers van Israël.

Links en rechts zijn Israëlische en Palestijns-Arabische stadjes, soms in Wild-West stijle met name Arabisch bezit is rommelig. Het is binnen de groene lijn, dus hier geen puur Palestijnse steden. Er zijn ongeveer één miljoen Palestijnen en 4,3 miljoen Israëlieten.

(Ik schreef dit in februari 1995, inmiddels hebben de Palestijnen zich meer dan verdubbeld in aantal).

In de bergen zien we een schaapsherder met een rode shawl (kefiyah).

Het is hier een kleine vierhonderd meter boven de Middellandse zee, nabij Nazareth (betekent letterlijk 'het beschermde'). Israël, hoewel klein van oppervlakte, telt 42 verschillende klimaatzones. Nazareth had al regen gehad. Met 38.000 inwoners is het de grootste stad in Noord-Israël. Er wonen voornamelijk Christelijke Arabieren. Dan door de bergen naar Tiberias, aan het meer van Galilea. We logeren hier in een degelijke jeugdherberg. Tiberias is een toeristenstad met een pier in het meer genaamd 'blue lagoon'. Uitgaan in het hardrock café waar slaperige muziek gedraaid wordt. De serveerster heeft geen idee waar in de stad gedanst kan worden, dit lijkt er ook niet te gebeuren, eerder buiten de stad. In de bar had ik gesprekken met een Canadees, een Amerikaan en een Bedouin. De Canadese jood denkt niet dat er vrede mogelijk is, de Amerikaanse jood hoopt dat Internet communicatie verbetert, waarmee vrede mogelijk moet zijn. De Bedoeïen, een moslim, heeft wel hoop maar vertrekt naar Zweden.

Overal liggen stenen, en zijn micro-drip systemen. Het verhaal is dat God aan het bouwen was, en met een zak stenen door de lucht vloog toen de hele zak openscheurde, boven Israël natuurlijk.

Het landschap is prachtig met groene weilanden, hier en daar een olijfboom, of elektriciteitsmasten. Glooiende heuvelruggen met bruine koeien als vlekjes verspreid. Het meer van Tiberias lijkt wel van zilver, met glanzende zilvergrijze wolken erboven. In het meer kan het flink stormen: valwinden kunnen de golven opstuwen tot wel een meter hoogte. Hier was het dat Jezus ging vissen met zijn Apostelen.

Safat is de volgende stop, ook wel bekend als het Jeruzalem van het noorden, met mooi avondlicht, en een heuse kunstenaarswijk. Ik leer ook wat Hebreeuws: 'nov yafèr' betekent 'mooi landschap'. Links staan eucalyptus bomen. Deze houden de bodem vast, maar verdampen teveel water aldus de milieubeweging. De bus gaat weer door, en we zien een vliegtuigwrak met een liefdeskreet erop geverfd. Dan een legerplaats, Kyriat Shamona, die regelmatig door Hezbollah wordt beschoten met raketten, die vanaf de schouder afgeschoten worden (anti tank granaten). Vorig jaar ('94) greep het leger in met operatie 'afrekening' toen ze met tanks Libanon in reden om Hezbollah te vernietigen. Slechts bemiddeling door Amerika (het land waarvan de vlag telkenmale weer door fanatieke moslims in brand gestoken wordt) voorkwam een groot bloedbad.

"Achteraf moeten we dit natuurlijk als een grote fout zien; had Israël toen de tanden laten zien, dan waren latere aanslagen wellicht voorkomen", aldus onze reisleider, die werkt bij professor Van der Voort in Jerash.Dankzij Hezbollah heeft elke kibbutz in het noorden van Israël een gasdichte schuilkamer. Familie van onze gids heeft er vorig jaar acht dagen in door moeten brengen, na vijandelijk-heden uit Libanon. Het is vreemd om zulke oorlogsverhalen te horen tussen de wilde bloemen.

Aan de rechterkant van de weg zien we de Golan hoogte van waaruit lang geleden Syrië Israël beschoot. Er wonen veel Druzen, een soort geheime vorm van islam zonder tempels en gebaseerd op aanpassing aan de overheersende macht. Langs de weg ligt sneeuw. Zeer chaotische dorpjes, nieuwbouw tussen kleurrijke maar vervallen huizen. Hier zijn overal antennes en warm water tanks op de daken, samen met zonnecollectoren.

's Morgens is het water flink afgekoeld. We zien monumenten voor gesneuvelde soldaten. Het beleid van Israël is dat minderheden zichzelf besturen. Hoewel oorspronkelijk de kibboets gebouwd waren als collectief bezit, zijn er meer en meer 'mochar' ofwel kibboets met privé-eigendom.

En dan zijn we in de West Bank. Palestijns gebied. Ik maakte foto's vanuit de bus, van landbouwvelden met in lompen gehulde werkers, van heuveltoppen met enorme antennes voor het leger, van roadblocks met de karakteristieke rood-witte betonblokken, van soldaten van de Israëlian Defense Force IDF, hun legertenten en jeeps.

Eenmaal in een buitenwijk van Jericho hoor ik 'Allahu Akhbar' en men vraagt me 'habbeli babbeli'?

Ik knik, en lach vriendelijk terug, jawel ik heb een babbel.
We zijn geïnstrueerd om vooral geen alcohol te drinken in de
nabijheid van moslims, en nu ik zo'n Palestijnse militant zie die
moeilijk Engels spreekt maar trots is op z'n geweer, en naar in
Fiats rijdende andere kefiyah dragers zwaait, denk ik 'inderdaad maar even geen bier nu'. Er rijdt een kefiyah drager langs
in een Mercedes. Volgens onze reisgids een lid van de
regeringspartij Fatah, bij ons ook wel bekend als de PLO.

De lokale busstop heeft een poster van de film 'Temptation',
gericht op de Israëlische bevolking. Toch vreemd eigenlijk dat
deze poster hangt in een gebied waar geen mens de film kan
begrijpen, noch de tickets bekostigen.

Een groep Amerikaanse toeristen wil een kort ritje maken op
een kameel, die door een in zwarte mantel gehulde Arabier
voor zes shekels gedreven wordt met sissende geluiden en een
kort zweepje. Ik probeer het ook eens. Het schommelt behoorlijk. Vandaar 'schip in de woestijn'. Een fraai versierd zadel

waarmee ik hoog boven de mensen uit toren. De kameel komt snel overeind maar gaat langzaam weer omlaag, schuin naar voren hellend. Het is al een oud baasje zie ik aan de slijtage sporen en brede hoeven. De man had geen wisselgeld; een regelmatig terugkerend fenomeen hier.

Af en toe zijn er Bedoeïen tenten tussen de kale heuvels. Aan de linkerkant bovenop de heuvels is een grote Israëlische nederzetting, met stadsrechten. Ik had een gesprekje met Mahmoud, die me een armband verkocht (omdat hij maar bleef aandringen heb ik 't uiteindelijk gekocht om van hem af te zijn). Hij liet me ook een nieuw waterleiding project zien.

In Jeruzalem gingen we natuurlijk naar de Klaagmuur. Ik werd leip aangestaard. Idioot wiegende zwartjassen (chassidische Joden) met vreemde hoofddeksels en baarden stoppen papier in de spleten van de muur. Die muur behoorde toe aan de tweede tempel van David, de joodse koning die rond het jaar

1000 voor Christus regeerde. Naast deze rare muur loopt een overdekte muur door, waar oude boekenkasten staan met God's wetten. En daar gaat het om, een cultuur die de wetten zo goed kent. Een leescultuur, die hun minderheid soms als tweederangs burgers behandelt.

De kloof wordt niet verkleind met het geven van goed onderwijs of sociale voorzieningen of het aanleggen van goede infrastructuur zoals de waterleiding. Misschien hoeven de Palestijnen dat niet zo nodig: want in hun perspectief misbruiken ze de grond niet tot op de laatste korrel zand. Hun grond is ook nergens anders voor te gebruiken, dan het houden van vee of het bouwen van rammelende, rommelige huizen.

Ze zijn zo gastvrij om rondtrekkende Bedoeïenen de ruimte te geven hun tenten (waaraan twee jaar gewerkt wordt) op te slaan. En ondanks alles lachen de los levende Arabieren de hele dag door, leven ze op een kinderachtige manier, vanuit joods oogpunt bezien. Ze crossen in auto's en scheppen op over seks.

Eén hield een auto vast terwijl hij op een fiets zat. Allemaal groeten ze je met 'Allah Akbar, Salem Aleikum'. Shalom en Salem betekenen beide vrede. Maar ze spelen ook soldaatje, zoals de gids het zegt, alsof ze niet weten wat ervan komt.

4

Palestina

Deze zaterdag gaan we naar de Bir Zeit universiteit, ooit begonnen als een meisjesschool in de West Bank, de westelijke oever van de Jordaan rivier die Israël scheidt van Jordanië. Samen met de universiteit van Gaza is dit de hoogste opleiding voor de Palestijnse bevolking. De Arabische chauffeur uit Al Quds, toetert zich een weg door de fietsers en voetgangers.

Plots zijn we in de West Bank, waar geen sabbat is. Toch zijn ook hier veel winkels dicht. De kleuterschool is open. Een internationale groep mensen houdt een vredesmars. De chauffeur rijdt door Ramallah, maar wil niet stoppen. Te gevaarlijk, zegt hij. Een enorme massa stenen vormt inderdaad ruim voldoende munitie.

De chauffeur vertelt trots dat hij een groep vredes-activisten in zijn bus had. Arabieren met een Israëlisch nummerbord die in de buurt van Jeruzalem wonen, kunnen de bezette gebieden vrij in- en uit rijden.

Palestijnse huizen zijn in een sierlijke stijl gebouwd. Als er geld is, bouwen ze hele paleizen. In de onderste verdieping staat vaak vee (ook in Thailand gebruiken boeren hun vee als een soort vloerverwarming). Hier zie ik veel autowrakken en nog net rijdende, opgelapte wagens. Alle vrouwen zijn gesluierd. De mannen zien er slaperig uit. Ouderen hebben een Saoedische kefiyah (rood). Er wordt ook hier druk gebouwd, en ik zie ook wel veel Israëlische invloeden. Het zijn efficiënte handelaren, die de sfeer relaxed weten te houden ondanks de nabijheid van een Israëlisch legerkamp. De reisgids betwijfelt of dat ooit zal kunnen verdwijnen. Arafat is hier niet erg populair, is geen democraat maar een guerrilla strijder.

Een Israëlische soldaat bij een roadblock vraagt wie wij zijn. De chauffeur antwoordt in het Hebreeuws dat we toeristen zijn. En zo is het. Weinig van de studenten in de bus doen hun best om aantekeningen te maken. Wellicht hopen ze allemaal die van mij te mogen kopiëren...of hun geheugen is beter dan het mijne.

Aan de andere kant van de weg staat een lange file. De heuvels hebben terrassen, de landbouwgrond loopt trapsgewijs op. Helaas ligt overal troep. De gids legt uit dat de Bedoeïenen allerlei supermarkt rommel weggooien en zo een spoor van afval achterlaten.

In de Bir Zeit universiteit ontmoeten we een "BBC producer" (in realiteit, gezien zijn woorden, een woordvoerder van

Hamas), die media trainingen geeft in het GMCC, 'Gerns Media Communication Centre'. Online kon ik het niet vinden, anno 2023.

De man leek op Khaled Marshal; die was op dat moment in Amman, en ik herken de Hamas-retoriek. Hier volgt het relaas.

'De media zorgden voor vooruitgang in het vredesproces in Jericho en Gaza. Na de laatste bomaanslag waren vooral Palestijnse journalisten verboden om naar Israël te gaan, hijzelf mocht zestien dagen niet naar zijn kantoor gaan en is ook nu nog niet toegestaan om Jericho of Gaza te betreden. Ook Hebron is, ruim een jaar na de moord op Goldstein, no go area.

De GPO (Government Press Office) verleent perskaarten, maar niet aan Palestijnen, aldus de producer. De meeste Arabische regimes zijn geen democratie, dus daar knuppelt de politie mensen, ook landgenoten. Vooral nieuwe, onervaren agenten gaan zo te werk.

Gaza heeft Palestijnse televisie op gelimiteerde uren. Er zijn dag- en weekbladen. Soms worden ze dezelfde dag nog verboden, omdat ze tot geweld oproepen. De Israëlische censor is onverbiddelijk daarmee, want ze weet hoe snel hier de vlam in de pan kan slaan. Israëlische media mogen van alles schrijven, behalve over militaire acties. De Palestijnen doen zelf ook aan censuur maar niet zo systematisch als de Israëlische tegenhanger, aldus de woordvoerder.

Alle correcties moeten objectief zijn - men kan geen positie innemen. Maar toch draait -aldus Hamas- de Israëlische televisie alle feiten om, zoals bijvoorbeeld de Human Rights Watch Middle East, die een rapport over Gaza schreven. De producer regelde zelf de pers conferentie. De buitenlandse pers is vaak objectiever dan de binnenlandse. Bezoekende journalisten moeten beloven dat ze beide kanten bezoeken en beschrijven. De GPO kan journalisten tegenhouden.

Palestina heeft nog geen TV personeel met ervaring, en ook nog geen ervaring met kwaliteitsjournalistiek vanwege een gebrek aan mankracht. De onstabiele Palestijnse autoriteiten dragen weinig vertrouwen onder de bevolking.

Meestal bestaat een flink deel uit propaganda. Recentelijk is er gekozen voor een nieuwe aanpak van internationaal nieuws. Niemand is tevreden over wat ze zien en horen, zoals bijvoorbeeld een interview met Yasser Arafat van een half uur.

Er is ruim een kwart eeuw censuur, maar er zijn nu zo'n vijf a tien goede journalisten die aan de relatie met de pers en Nationale Autoriteit werken, om bijvoorbeeld garanties te krijgen voor de persvrijheid. De Bir Zeit universiteit geeft cursussen, geen volledige afstudeer richtingen. De Israëlische en Palestijnse journalisten helpen elkaar, de buitenlandse pers gebruikt beiden, en de houding van de gemiddelde Palestijn tegenover de media is dat ze geen bullshit pikken, ze willen graag serieus nieuws zien.

Ik had wat vragen opgeschreven, over wie de Bir Zeit universiteit gebouwd had, welke vakken er gegeven worden, hoeveel studenten het heeft, of dat enkel mensen uit rijke klassen betreft, en welke rol de media tijdens de intifada speelden. Het antwoord is soms direct, soms heel indirect en soms krijg ik het niet. Destijds was er geen Google om snel je antwoorden te vinden, of te verifiëren.

Hamas is erg meewerkend met de (buitenlandse) pers, maar heeft ook al een eigen persdienst. Die moet de publieke opinie weergeven. Volgens de producer staat Hamas dichter bij het volk, is het een betere organisatie dan de Palestijnse Autoriteit.

Er is een heel spectrum aan opinies en feiten zodat het publiek geen perspectief tekort komt. Vaak wordt in het taalgebruik meer focus op de bestrijding van geweld gericht: zo schrijft men niet over vrijheid strijders, maar over zelfmoord terrorist. De buitenlandse pers komt met haar eigen vooroordelen en mening, en heeft geen echte objectiviteit, aldus weer de producer. Hij bagatelliseert de zelfmoord-terroristen met 'Hamas heeft duizenden aanhangers, terwijl er enkel een stuk of vijftig suïcidaal zijn'.

Weinig journalisten willen risico lopen, en laten Arafat relatief met rust. Er zijn zoveel issues te onderhandelen: water,
elektriciteit, economie, sociale en financiële problemen. De
pers levert kritiek en brengt discussies op gang. De universiteit-
en zijn erg nieuw, dus is er een probleem om goed opgeleide
mensen te vinden. Ze zijn gebaseerd op Amerikaanse leest, met
bachelors. Sommige vakken worden op laag niveau of zelfs
helemaal niet gedoceerd.

Bir Zeit biedt (politieke) geschiedenis, recht, kunst, culturele
studies, filosofie, techniek en dergelijke. Ieder departement
maakt de eigen curricula. Israël probeert vaak om de inhoud te
controleren, dus worden soms wel Amerikaanse docenten ingehuurd, maar geen Israëlische. Zowel het Palestijnse als Arabische leger betaalt mee aan de universiteit. Hierover kan geen
exacte informatie gegeven worden.

Er zijn problemen om aan boeken te komen, en computers.
De PA (Palestijnse Autoriteit) bepaalt wel de lesinhoud, maar
betaalt niet mee aan de kosten. Ze is druk bezig een belasting-
dienst op te bouwen. Er moet belasting betaald worden aan Israël.
Het leven hier is duurder dan in veel Europese landen. Studenten betalen ongeveer een kwart van de studiekosten. Vooral
voor studenten uit het straatarme Gaza is het te duur om te
studeren. Ze zijn vaak werkloos en hebben veel kinderen. En
ook al heb je een universitair diploma, dan nog is het moeilijk
om aan een baan te komen. Er wordt erg veel ervaring geëist
door werkgevers. Gemiddeld verdient men in Gaza niet meer
dan vierhonderd dollar per jaar.
Bir Zeit heeft 3300 studenten, waarvan zo'n derde vrouwen.
Tijdens de intifada mochten vrouwen vrij reizen, toen was de
verhouding eerder andersom. Iedereen die kan studeren, kan
er terecht.
Het is de eerste Palestijnse universiteit, al in 1924 als
kostschool begonnen met financiering door een christelijke

familie, in 1953 werd het een middelbare school en nadat dit in 1967 als doel werd gesteld, in 1974 een universiteit. De campus werd eind jaren tachtig gebouwd. Hier zijn de beste middelen, en er zijn minder studenten dan in Gaza.

Zo'n 25 tot 35 procent is positief over Hamas en de coalitie met linkse groepen. Op de universiteit leven dezelfde frustraties als in de samenleving. De verwachtingen waren erg hoog vlak na Oslo. Helaas veranderde er niets, dus is er nu weer meer geweld. In Ramallah was een demonstratie van jonge vrouwen die uiteengeslagen werd, terwijl er geen journalisten werden toegelaten. In de nederzettingen blijven de bedreigingen doorgaan, en is werkloosheid. Bij iedere grenspost moeten Palestijnen tien shekel betalen om door te mogen. Dit veroorzaakt natuurlijk reuring.

Over reuring had de man de mening 'de eerste intifada was nog onschuldig, zoals wanneer een student een propje naar de professor gooit, die dan boos wordt op de hele groep. Dan is de student van het propje boos op de professor, niet op de student die het propje gooide'.

De producer laat de groep nu kennis maken met een Al Fatah PR officier, Albert Aghazarian[1], die beweert wel vijftien keer in een Israëlische gevangenis te hebben gezeten. Hij moet elk jaar een tijd als reservist in het leger door brengen. Veel activisten zijn naar Zuid-Libanon gedeporteerd, en ook professoren werden ontslagen. De universiteit is vijftien keer gesloten, soms voor een paar dagen, soms zelfs maandenlang. Tijdens de Intifada was het dicht, en moesten de colleges buiten de campus gehouden worden. Dit leidde tot diefstal en drugsgebruik.

---

[1] https://www.birzeit.edu/en/news/birzeit-university-mourns-death-former-public-relations-director-historian-albert-aghazarian

Desondanks wisten 75 studenten af te studeren; en elk jaar
zijn er tussen de 65 en 85 afstudeerders. Israël wilde een
domme generatie studenten creëren, beweert Aghazarian.
Sommige studenten werden opgepakt voor drugsgebruik, en
kregen straffen tot en met levenslang. De gevangenis is gewoon
een onderdeel geworden van het leven van de gemiddelde
Palestijn. Tachtig procent van de gevangenen heeft ervaring
met marteling. Het is onmogelijk om niet politiek geëngageerd
te zijn als Palestijn. Deze situatie beïnvloedt het curriculum
'enigszins'.

Sommige studenten dragen truien in de kleuren van de nationale vlag, groen-wit-rood-zwart. Bijna de NEC kleuren. In de
kantine hangen foto's van oudere generaties studenten. Hierna
rijden we weer terug naar ons hotel. Het regent op de terugweg.

Ik bekijk twee dronken Israëliërs. Eén heeft een keppel, de
ander is gezet en heeft een kalend hoofd. Hij gebruikt het
plantsoen als asbak, loopt er elke keer naar toe om as af te
kloppen. Beiden lopen wiegelend met een eigen ritme, die wat
lijkt op het heen en weer bewegen van de Klaagmuur-gasten.
Doelloze rondjes, starend naar het verkeer, uitkijkend naar
niets. Dan loopt de keppel-loze zondaar naar zijn volgeling, die
op de rand van de plantenbak is gaan zitten, bezwijkend aan
zijn pogingen de onvermoeibare dronkaard te volgen. Ze staan
tegenover elkaar te praten maar komen niet boven het verkeer
uit. De baard plukt aan zijn gezichtsbeharing en knikt. Ze geven
elkaar een hand waarna de oudere weer een rondje loopt. Er
komen drie Chassidische Joden langs op hoge snelheid, een
ruime boog om hun afvallige landgenoot makend. In antwoord
hierop kijkt de ouwe ze ook niet aan. Wél kijkt hij ze na. Hij
maakt zijn sigaret uit en loopt met de ander dezelfde kant op.
Veel zwartjassen, zoals we ze grappend noemen, laten op dit
moment hun kinderen uit, zo lijkt het.

's Middags lopen we door de oude wijk van Jeruzalem over vele duizenden jaren oude voetstappen.

We zien de Via Dolores, waar nog steeds groepen met een kruis de berg op lopen, en je onderaan de weg kruizen kunt huren voor dit doel. Een van de meegereisde docenten, gaat uit zijn dak, is meer dan tevreden, naar eigen zeggen. Was het de kruisgang?

Het is druk, en soldaten met machinegeweren (zelf zeggen ze 'politie in groen uniform') controleren de Arabische bevolking, die met alle macht in de souk willen onderhandelen over mooie kitsch en fotorolletjes. We drinken thee met baklava, zoete koek en muziek van Pink Floyd.

Van daaruit zien een meningsverschil tussen een oudere
Arabier en een Palestijn die een handkar bestuurt. Oudere
vrouwen snijden groente en jonge kinderen proberen grenslijn-
spelletjes uit. Dit ging één keer te ver: een rotje werd midden in
onze groep gegooid terwijl we door een tunnel liepen (half oud
Jeruzalem bestaat uit overdekte straten, een soort tunnels). En
een schik dat ze hebben van onze schrik!

Alle winkels sluiten, of zijn al dicht op dit moment. Het is
echt prachtig hier, als een film decor. De bewoners van het land
maken het extra spannend, een multi-dimensionaal land. De
avond valt, de geluiden in de stad zijn nu anders.

Hierna gaan we naar de Underground, de populairste danc-
ing in de stad (hoe wrang die naam, denk ik 28 jaar later, wanneer half Gaza in een tunnel woont en daar wapenfabrieken
enzovoort heeft gebouwd), weer dat leven, die drukte, de
'groove' en versier-drang. Gemaakte vrolijkheid lijkt het, wanneer je de tragiek van de hele shit begrijpt. Weer soldaten met
mitrailleur en keppeltje, een glimlach en vriendin, die zich

beschermt weet bij zo'n stoere vent, maar zelf ook is opgeleid
stoer te zijn indien nodig). Het maakt een slechte indruk op mij,
nu ik het verhaal van de andere zijde ken. 'Mij zien ze daar niet
meer' schrijf ik. De beste moppen van de wereld kunnen geen
rookgordijn maken om de post-Holocaust generatie te vri-
jwaren. Ook al ben je in zo'n maatschappij geboren, je bent
(wanneer je de Underground in wil) oud genoeg om een stand-
punt te kiezen. Die macho's kunnen me de rug op. Maar als ik
in gesprek raak met de soldaat, valt het nogal mee. Hij is voor
geweldloosheid, publiciteit en hartelijkheid, wat veel beter is
dan politiek.

De groep waarmee ik reis houdt wel van roddelen. Eén grote
klepper-machine. Ik vertel twee meiden in de groep dat ik wel
sympathie kan opbrengen voor de Palestijnse zaak, en de volgende ochtend heeft heel de ontbijttafel het erover. Ik heb me
goed verdedigd, maar hou verder mijn mond erover. Paniek
situaties kunnen zo snel ontstaan: als er rook is, gaat het vuur
vanzelf branden (ook als is er geen basis waarop) omdat sensatie nu eenmaal zo lekker is. Ga gauw naar de Privé, denk ik
dan....
Sommige studenten vinden het stoer om dronken te worden
en daarover te praten, anderen hebben het voortdurend over
vrouwen, en sommigen kunnen niet ophouden over seks. Ik
besluit maar vroeg naar bed te gaan met mezelf.

De volgende dag hebben we een interview met de chef van
de Jerusalem Report, een soort Time of Newsweek van Israël.
Een uniek blad met veel correspondenten, onafhankelijk en
objectief (zoals elk medium zich graag presenteert). Meer links
georiënteerd ("Likud & Rabin haten ons"). Er zijn veel positieve, maar ook negatieve ontwikkelingen elke maand, het land
is een soort voortdurende achtbaan. Er zijn twee tv stations en
iedereen volgt het nieuws altijd. Hij is net terug uit Gaza, en
hoopt dat Arafat de problemen aan kan. In de West Bank zijn

zo'n 130.000 Israëlieten, en 140 nederzettingen. Voor het leger een logistieke nachtmerrie.

De meeste problemen in Israël bestaan door bommen die in Gaza gemaakt zijn. De West Bank heeft gemakkelijke toegang en is onmogelijk helemaal te patrouilleren. Arafat is van de West Bank naar Gaza verhuisd, maar heeft nog altijd zorgen over zijn eigen veiligheid. Hij heeft ook een ontwikkeling doorgemaakt; aanvankelijk weigerde hij de hand te schudden van Joden.

De polarisatie van beide kanten leidde ook tot ellende: in 1973 waarschuwde Jordanië Israël dat er een grote leger-aanval werd voorbereid tijdens Yom Kippur, maar Israël geloofde het niet. De situatie ontstond toen Engeland met een dikke viltstift lukraak grenzen op de kaart aangaven. Zo is het eigenlijk niet precies duidelijk wat van wie is. De kibboetsen 'lenen' land van Jordanië. Marokko en Tunesië helpen ook met de ontwikkeling van het Midden-Oosten. Daar tussenin zie je dan Palestijnen in hun shawls en Israëlieten in pak.

Eén van de problemen is Syrië en haar vazal Libanon. Een meerderheid van de bevolking wil de Golan hoogte -die voor de Zesdaagse oorlog van Syrië was- behouden. Een en ander werd geheim gehouden tijdens de vredes-besprekingen in Oslo. Wie weet wat er nu gebeurt. Jaarlijks komen er zo'n zestigduizend Joden uit de voormalige Soviet Unie naar Israël, de economie zou instorten als deze geen goede opleiding zouden hebben. Toch is er een behoorlijke inflatie. Gemiddeld kost een drie-kamer woning drie ton. Er zijn veel producten uit Amerika. Nu is er ook kabeltelevisie, 'als het kanaal niet vervormd is, kijken we zwart'. Alle Europese kanalen maken Israël duidelijk wat er in de echte wereld gebeurt.

Het is een goede markt voor agressieve journalisten. De Palestijnse pers wordt hevig gecensureerd. In het parlement is altijd corruptie en iedereen heeft een stevige opinie. 22% is voor Likud, maar dat is teruggevallen tot 11%. Als Likud wint komt er ruzie met Syrië. 'We kunnen de vrede niet terug-

draaien, de hele regio zou eronder lijden', aldus de gids.
Verwacht wordt dat de volgende verkiezingen door Labour
gewonnen zal worden, de sociaal-democraten. De kiesdrempel
is al gehaald bij slechts anderhalf procent van de stemmen. Er
zijn veel religieuze partijen die geld willen voor speciale scholen en dergelijke. Er is zelfs een Russische partij. Maar de
politiek wordt beheerst door de twee grote blokken: Likud en
Arbeiderspartij. De laatste heeft nooit een meerderheid en
moet dus een coalitie vormen. Wellicht dat een jongere generatie dit verandert.

De reden voor censuur is nationale veiligheid, maar via
buitenlandse kranten is dit prima te ontwijken. Als bijvoorbeeld
Ethiopische Joden immigreren, mag daarover niet geschreven
worden totdat ze in het Beloofde Land zijn.

In Hebreeuwse universiteiten kom je pas na 2,7 jaar militaire
dienst. Studenten wonen met twee op 1 kamer en moeten
helemaal zelf hun studie betalen, wat neerkomt op zo'n vijf-
duizend gulden per jaar. Allerlei nationaliteiten door elkaar,
maar er zijn hooguit wat huiselijke problemen. Op de campus is
ooit een Hamas terrorist geweest die met een mes begon in te
steken op studenten.

We maken kennis met **Peter Weber**, lid van een Israëlisch-
Palestijnse denktank. Ze doen onderzoek, organiseren confer-
enties, en komen met publicaties. Het is een privé instelling. In
het algemeen gaat de denktank door golven van positieve en
negatieve emoties. Op dit punt is hij positief, maar alles kan
hier heel snel veranderen.
'Het Oslo akkoord is een historisch compromis, vanuit de
niet-erkenning door de Palestijnen naar een oplossing is een
grote omslag. Maar het recht op zelfbeschikking wordt nog altijd niet toegestaan. Het conflict gaat eigenlijk meer over de eigen
identiteit, de eigen nationaliteit. Zionisme heeft een dubbel
karakter, zowel progressief als conservatief. Progressief was het

toen het de vrijheidsstrijd inspireerde maar nu is zionisme door
de kolonisten ingezet, die grond van Palestijnen inpikt.

En voor de vluchtelingen geldt: er was geen land zonder
volk, nu is er een volk zonder land. Deze oorspronkelijke bewoners werden zomaar weggeschoven, alsof ze geen rechten
hebben. Een van de redenen is dat de omringende landen Israël aanvankelijk niet wilden erkennen.

Wie niet erkend wordt, kan ook geen anderen erkennen.
Maar Israël werkte aan die erkenning, via een aantal stappen.

De eerste hiervan was de Zesdaagse oorlog, toen de Arabische landen Israël samen wilden wegvagen. De tweede stap
werd gezet in 1977 toen in Camp David de Egyptische president
Sadat vrede sloot met president Begin van Israël, wat leidde tot
uitsluiting van Egypte uit de Arabische Liga.'

'In de jaren '70 en '80 ontstond de Palestijnse Beweging uit
de verbrijzelde resten van wat er nog over was aan bestuur.
Aanvankelijk begon deze groep erg extreem (de gijzeling van
Israëlische Olympische atleten in München begin jaren '70)
maar in de loop der jaren werd men gematigder. De mug-ver-
sus-olifant situatie leidde uiteindelijk tot een twee-staten
oplossing: niet in plaats van, maar ernaast. Het Palestijnse land
bestaat sindsdien uit twee gebieden, de West Bank en Gaza.

Aan Israëlische zijde gaan de veranderingen erg snel, in
twintig jaar kwam een snelle modernisering op gang vanuit de
ooit primitieve kibboets beweging, die vooral door Oost-Eu-
ropese Joden werd geïnspireerd. Het land is een soort eiland
midden in het Midden-Oosten, omringd door dictaturen waar
de islam heerst. Dankzij CNN en BBC is het nu mogelijk om
zonder oorlog te leven. Gelukkig is het onmiddellijk gevaar
geweken want de mensen zijn behoorlijk oorlogsmoe na de
Zesdaagse, Yom Kippur en Intifadah. Het land is een regionale
supermacht, met sterke Amerikaanse invloeden. Ideologie is
tegenwoordig minder belangrijk dan persoonlijkheid. Vroeger
had Israël meer een socialistisch karakter, beïnvloed door
nieuwkomers uit Oost-Europa en de Sovjet-Unie. Hierna kwa-

men de settlers, ofwel kolonisten, die meer rechts georiënteerd
zijn. Er zijn ook wel linkse kolonisten. Deze beweging is heel
invloedrijk geworden, en in staat geweest om de politieke
agenda te beïnvloeden. Zo is er nu de draai gemaakt om de
Palestijnse identiteit te erkennen.'

De oude rechtse politiek ontkende het bestaan van Palestijnen; in hun optiek waren die een uitvinding van de Arabische
buurlanden. Het moet dan ook wel gezegd worden dat Palestijnen oorspronkelijk nog geen miljoen mensen waren, maar dat
men sinds de 'Nakba' (de stichting van Israël) flink aan de gang
is gegaan, en nu zijn er ruim twee miljoen Palestijnen. Of het
verstandig is om met zo weinig land de populatie uit te breiden
is een ander verhaal. In het algemeen geldt dat hoe rijker men
is, hoe minder kinderen men nodig denkt te hebben voor de
oude dag. Maar in Thailand, ook niet zo rijk, zijn veel minder
kinderen.

De sociale idealen van het zelfbeschikkingsrecht haakten in
op de grote hekel die veel Palestijnen hebben aan de dienst-
plicht in Gaza, de West Bank of tijdens de Intifada. Israël
reageert gewoon door als voorbereiding alvast gebieden te
bezetten. Eindelijk kon men tot ontspanning komen via een
politiek compromis. Maar die erkenning was een hele belangrijke eerste stap, want om te onderhandelen moet je dus eerst
erkennen.

Helaas is er ook een tegenreactie, via de opinie pagina's
komen meer en meer pleidooien voor de teruggave van de
bezette gebieden, ofwel 'territorial compromises'. Voor rechts
is dit een taboe, er worden geen concessies gedaan, er wordt
koste wat kost niets opgegeven. Het is de logica van het conflict,
van de ijzeren muur tegen de Arabieren. Er is eens geopperd

dat de VN de Golan bezetting overnemen, maar dat lijkt een onwaarschijnlijke optie.

De nasleep van de Golfoorlog is dat de regering van Shamir nu onder grote buitenlandse druk staat. Een Jordaans/Palestijnse delegatie die met Likud onderhandelde kwam tot niets, wat weer tot een impasse leidde. Met de nieuwe verkiezingen wordt gehoopt dat Rabin wint, en via geheime onderhandelingen de Palestijnen erkent met een formule die lijkt op die van Camp David, met zelfbestuur en verkiezingen in alle bezette gebieden.

In Israël is de oppositie tussen links en rechts zeer groot. Met name de religieus geïnspireerden, die beweren in directe lijn met God te staan, zijn gevaarlijk. Ze beweren dat het land niet gedeeld mag worden, en stappen zo in een fundamentalistische traditie. Ze zien het heden als een wereldwijd proces van verlossing.

Er zijn twee soorten orthodoxen: de ene groep meent dat de diaspora een straf van God was, uitmondend in de Holocaust, deze groep is anti-zionistisch. De andere groep bestaat uit religieus gemotiveerde zionisten, die samenwerken aan 'Eretz' Israël. En dan heb je nog de kibboets-bewoners die na de Zesdaagse oorlog in grote blijheid de bezette gebieden 'bevrijden' in een grote socialistische revolutie.

Aan de overkant is er de islamitische fundamentele oppositie tegen het bestaan van de Israëlische staat zelf. Ze erkennen wel de religieuze rechten van de Joden, maar niet de staat. 'Alles wat de ander wint, verlies ik', het them or us scenario volgend. Volgens hen is dit een 'zero sum conflict' waarbij geen van de kanten wint.

'Terreur aanslagen ondermijnen het zwakke gevoel van veiligheid, en volgens diverse polls zou enkel Likud voordeel erbij hebben. Maar de kolonisten misdragen zich tegenover de

Palestijnen, die vinden dat ze geen enkele vrucht geplukt
hebben na de onderhandelingen.

Met name Gaza is explosief. De democratie van Yasser Arafat
is niet overtuigend, hij heeft een politiestaat opgebouwd, zodat
hij nu een draagvlak heeft van minder dan de helft van de
bevolking. De obstakels die hij ontmoet zijn bijvoorbeeld de
voortdurende bouw van Israëlische nederzettingen, ook in
Oost-Jeruzalem, via onteigening, ook op veiligheid geïnspireerd, en elke nederzetting krijgt permanente patrouilles.
Kolonisten vinden dat discussies in de weg staan van tanks
en dat Israël een veiligheidsgordel langs de grenzen moet mak-
en. Likud wil overal nederzettingen bouwen, en geven goedkope hypotheken, soms wel voor de helft van de werkelijke prijs. Dit verleidt velen om in een kibboets te wonen, of in een
geannexeerde woning in Jeruzalem. En keer op keer worden de
grenzen verlegd: zo veel mogelijk land, zo weinig mogelijk Arabieren. Vergelijk het met Noord-Ierland. Palestijnen zijn een
symbool geworden voor het bestaan van hun land. De Arabieren mogen bijvoorbeeld niet in zogenaamde 'groene zones'
wonen, want die leveren zuurstof voor de stad.

Een reden voor Likud om uiterst voorzichtig te zijn met het toewijzen van grond aan Palestijnen is het enorme geboortecijfer. Voor je het weet barst dat kleine stukje land uit zijn voegen met babies en kinderen, die later allemaal weer land nodig hebben om van te kunnen leven. We kunnen wel stellen dat met hun bevolkingspolitiek de Palestijnen zelf schuldig zijn aan het veroorzaken van genocide; het land kan de monden niet voeden.'

Vreemd eigenlijk dat op geen enkele politieke agenda in de wereld iets over geboortebeperking te vinden is... en dat als je erover durft te schrijven je zelfs kans loopt op juridische toestanden! De Wet dient ons te beschermen, en overbevolking is natuurlijk totaal het omgekeerde van bescherming. We hebben de draagkracht van moeder Aarde meer dan dubbel overschreden. Greenpeace hoor je er ook niet over, dit taboe.

Interessant is dat geen moment tijdens deze reis ik iets hoorde over de Palestijnse kaping van een KLM-toestel in 1973, het jaar dat maar liefst tweeëntwintig vliegtuigen werden gekaapt (en sindsdien is vliegen echt niet leuk meer, vergelijk het eens met wat je op oudere films ziet.... Ja, nog bedankt extremisten... jullie maken de wereld er zeker niet leuker op!) "Van de Arabische landen verwachtten de drie kapers steun, instemming of op z'n minst medewerking. Maar tot hun grote frustratie weigerde de ene na de andere luchthaven het toestel toestemming om te landen. En alsof dat nog niet genoeg was, werd de actie ook nog eens door vrijwel alle Arabische leiders veroordeeld; de drie technisch goed voorbereide terroristen - wapentuig bleek verstopt in speelgoed het vliegtuig binnengesmokkeld - ontaardden met al die tegenslagen gaandeweg in een stel ongeleide projectielen."[2]

---

[2] https://www.historischnieuwsblad.nl/dertig-jaar-na-de-kaping-van-klm-boeing-mississippi

Terug naar de lezing van Weber. 'De industrialisering van de West Bank is onderdrukt ten koste van de ontwikkeling van Jordanië en Caïro. Een oplossing zou zijn om in het Midden-Oosten een soort EU (ik schreef in '95 nog 'EG') te maken, met een sterke verstrengeling en integratie van alle economieën. Elk land maakt waarin het het best is, specialisatie, zodat er een kennis economie kan ontstaan. Nu is er geen koopkracht, een zwakke industriële basis. Brood op de plank is een dagelijks probleem voor veel Palestijnen in de bezette gebieden.

De handel tussen Israël en Palestina is ook ondermijnd door gebruik van goedkope Roemeense arbeidskrachten. Arabische landen zijn bang voor een uitbuitend zionistisch monster. Israël zou in het Midden-Oosten de kar kunnen trekken via samen-werking bijvoorbeeld met Israëlisch kapitaal en kennis en Palestijnse arbeid. Maar dit legt een basis voor ongelijkheid, het Arabisch winstdeel ligt vanaf het begin vast.'

Ook de nationale eer is een probleem, met de jarenlange propaganda waarin Israël als de aartsvijand werd neergezet. Men wil het vuile werk niet opknappen voor de Joden, is de mening.

'Samen met de arbeiders glipt er wel eens een terrorist mee naar binnen. Daarom worden muren gebouwd ter afscherming, maar dit is een korte termijn oplossing. De economische misere van de Palestijnen is echt een nadeel, want daarmee vormen ze een gemakkelijke prooi voor de islam ideologen. Wil je in-vesteren in Gaza, zoals de industrieparken en havens waarover gesproken werd, dan is de situatie opeens weer explosief. De hoop is nu gevestigd op IT opleidingen in Palestijnse instellin-gen, om zo de werkgelegenheid te bevorderen. Maar ook on-derling is er haat en nijd tussen de verschillende Palestijnse families. Er zijn nog altijd eeuwenoude clans. Tegenstellingen tussen Christelijk en Moslim, stad en platteland, zorgen dat er nooit een woord van lof voor elkaar is. Het is de weerspiegeling van de clan-maatschappij, waarin iedereen elkaar wel kent, via

die en die. Dit is het grootste probleem om een organisatie op
te richten. Een oorzaak is ook de politiestaat, die van intelli-
gente studenten stenengooiers maakt (vooral in de regio's
Jeruzalem en Ramallah).'

Het Islamisme is een letterlijke interpretatie van de koran,
waarin iedereen mens persoonlijk verantwoordelijk is tegenover God. Als politieke stroming is het een oproep de
maatschappij om te vormen op basis van het geloof. Zo wordt
de shariah de grondslag voor rechtspraak. Vrouwen moeten
sluiers dragen en men mag geen rente vragen bij het bankieren.
De huidige Arabische regimes worden gezien als heidens, omdat ze zaken doen met het Westen. Dat leidt tot 'zedenbederf'
enzovoort. De stroming wil mensen (her)opvoeden en is onder
andere actief in het (kleuter)onderwijs.
In West Europa groeit de stroming het snelst midden jaren
negentig, het is er de tweede godsdienst.
Teruggaan naar de eigen roots in plaats van materialisme en
verwesterlijking. Het is een culturele reflectie op de kolonisatie.
Als een meerderheid voor scheiding tussen mannen en
vrouwen is, moet je dat niet ontkennen, redeneren het islamisme bijvoorbeeld.

Ik vraag in hoeverre dat Islamisme gewelddadig is, denkend
aan figuren als Abu Nidal. Van Al Qaeda had op dat moment
nog niemand in de groep gehoord. De man van het Oriënt
House, waar we op dat moment zijn, heeft een interessant
antwoord, dat ik noteer.

'Men wil de militaire dreiging te vuur en te zwaard tegen-
gaan, maar de Nato heeft een hiaat in de geweldsbeheersing: de
wereld is gewoon te groot. Islamistische fundamentele beweg-
ingen hebben gedecentraliseerde cellen met een eigen ideologie, die op eigen houtje werken, hooguit lokaal of regionaal
samenwerken. De geheime diensten kunnen nauwelijks infiltr-

eren. Er wordt 15.000 dollar uitgeloofd als beloning voor in-
lichtingen.'

De fundamentalisten werven psychopaten met verhalen over
'dit en dat is schandalig', winden ze zo op dat ze aanslagen gaan
plegen, om aanzien te krijgen, ze worden 'dappere broeders'
genoemd. En vanwege de uitzichtloosheid van hun situatie
blazen ze zichzelf op met bomgordels. De imams roepen een
fatwa uit, en wat doet men ermee? Een extreme situatie roept
een extreme reactie op. Daarom hebben Joden en moslims geen
gelijke rechten, de laatste groep is een gedoogde minderheid.'

'De moskee is een soort spil van zelf organisatie omdat de
Staat het laat afweten. Zo zijn er geen eigen Palestijnse
postzegels of munten. Een voorbeeld van die organisatie?

In Oost-Jeruzalem zijn er zogenaamde 'services', busjes die
tussen Oost Jeruzalem en Ramallah pendelen.

Verder geen voorbeelden. Hij gaat door: 'Israël vraagt daar
teveel geld voor. Ze geven niks gratis weg.
Likud heeft de Sinaï teruggegeven omdat het historisch altijd
een gebied van niets was, Mozes ontving daar zijn wetten, zodat ze voor iedereen gelden omdat het land aan niemand toe-
behoorde. De West-Oever was de basis van het Joodse volk.'
De lezing is over, eindelijk. We hebben weer veel geleerd.

Jeruzalem, dinsdag 12 uur. De klokken van de Heilige Stad
klinken op hun best bij de theewinkel, waarvan de eigenaar me
vertelt dat hij over een uur naar het ziekenhuis moet voor zijn
prostaat, hart enzovoort. Hij is 48 jaar geleden vanuit Tel Aviv
(dat hij nog altijd Luud noemt, de originele Palestijnse naam)
naar Jeruzalem (Al Quds in het Palestijns) gekomen, veel
meegemaakt, en dus ook veel humor. Van hem leer ik dat 'nam'
ja betekent, en 'lèh' nee.

We nemen de taxi vanuit de Damascus-poort, dat kost 12
shekel naar de Al Aqsa universiteit. Die wordt mede gefi-

nancierd door omringende Arabische landen, maar ook door de Palestijnse Autoriteit. Aanvankelijk door de PLO, Hamas etcetera. Relatief kleine gebouwen van drie verdiepingen, ommuurd, middenin de stad. De woonsituatie van de studenten is slecht, nadat er recentelijk 20.000 bij zijn gekomen. Iedereen moet op 370 vierkante kilometer wonen, waarvan 40% door Israëliërs wordt bewoond. Deze dramatische woonsituatie is door de politie en Arafat ontstaan; niemand kan 500 dollar neertellen voor een woning, zelfs een arts verdient niet meer dan 800 per maand. Een koopwoning begint bij honderdduizend dollar. Sommige Palestijnen kunnen het wel betalen maar die hebben 'buiten' (in Israël) geld verdiend. Andere Arabische landen zien hen als tweederangs burgers.

Het is het simpele verhaal van de armere medemens die volledig overwoekerd is door het kapitalisme. Daar kun je van alles en iedereen de schuld van geven, maar uiteindelijk ontkomen we er niet aan. Er wordt gedaan alsof alleen Palestijnen slachtoffer zijn van deze ontwikkeling, die iedereen dwingt te verhuizen naar goedkopere gebieden, totdat er geen goedkopere gebieden meer zijn, en dan is er weer eens oorlog. Het

is de droevige, trieste keerzijde van elke baby shower, van elke
vrolijke geboorte. Het is de keerzijde van elk mens dat door de
medische industrie is gered van de dood. Niemand heeft enig
idee van de eindigheid van de draagkracht van onze planeet, de
zogenaamde 'carrying capacity'.

Natuurlijk willen degenen die profiteren van het kapitalisme
deze mensen onzichtbaar maken. Ze denken moreel
hoogstaand te zijn omdat ze arme mensen subsidies geven.
Maar met net te weinig om van te kunnen leven, is het weinig
anders dan een zoethoudertje. Sociale woningbouw, subsidies
en uitkeringen - de buffers tegen volks oproer.

5

Gaza

Ik vind een taxi naar Gaza op de volgende wijze (de rest
van de groep heeft besloten een dagje rust te nemen en
naar Tel Aviv te gaan voor strand- en winkel bezoek).

In de krant had ik een nummer gevonden van een busdienst
naar Gaza. Telefoneren is onmogelijk vanuit een telefooncel.
'You phone Europe? Ok. Gaza? Not possible. Go to head post
office.' Daar is het ook niet mogelijk.
Ik laat nummers zien van de Palestijnse Nationale Autoriteit.
Ga maar naar een telefooncel buiten'. Vloekend loop ik door de
Heilige Hel, dan maar een 'sharud' nemen, een Arabische 8per-
soons taxi, vergelijk de Dolmush in Turkije. Die is net weg, en

het zal uren duren voor er een is. Een jongen stuurt me naar een oude Mercedes, waar na enig onderhandelen (via een Engelstalige bemiddelaar) een prijs van 150 shekel overeengekomen wordt, zo'n 100 dollar, om naar Gaza te gaan, daar te wachten, en weer terug te rijden.

Ik zit, een oude vrouw stapt achterin met een kind, een jonge man zit er al, scherp gezicht. Tassen. We vertrekken. Zodra ik een sjekkie draai krijg ik een sigaret aangeboden. In het begin van de Jaffa straat koopt hij samen met de man een pakje sigaretten. Kort praatje met de oude dame 'salaam aleikum, aleikum es salaam', waar komt u vandaan? Ze denkt lang na, rimpels, dan heel zacht, iets nauwelijks verstaanbaars, een dorp in de Gaza strook, ongeveer tien kilometer van de stad. Het kind op haar arm slaapt als een zonnetje. Het is lekker weer, ze lachen naar me, met lieve ogen die veel geleden lijken te hebben. Als we eenmaal uit de file en chaos zijn, is het lekker karren op de 3 tot 4 baans autoweg naar het zuiden. Mooie heuvels links en rechts, de chauffeur wijst me op eentje die wordt volgebouwd. De prijs van deze huizen maakt het duidelijk dat hij er nooit zal kunnen wonen.

'Natuurlijk zijn er ook veel arme Joden en stinkend rijke Palestijnen'.

Het probleem van de Palestijnen is deels een militair probleem, deels een gentrificatie- (financiële uitdrijving) probleem,
deels een economisch probleem. Maar vooral een sociaal probleem, er is geen eenheid. Rijke Palestijnen delen niet graag hun
geld met arme. De middenklasse doet dat weer wel.

Ik lees de Jeruzalem Post van 22 februari 1995 in de taxi.
Privé investeerders toonden interesse om industrieparken te
bouwen, maar ook is er een voorstel om een Israëlisch/Palesti-
jns ziekenhuis te bouwen in Erez, betaald door beide kanten en
het buitenland. Gaza activisten 'verkopen' de intifada aan journalisten. Interviews met Hamas of Jihad vinden altijd plaats in
donkere ruimtes zodat ze onherkenbaar blijven. Een boekje
van de PNA over joodse immigratie in Palestina is 'alarming' en
er zijn nieuwe 'natural resources' gevonden.

We rijden in de overvolle auto naar de kust, vandaar naar het
zuiden. In dit gebied zie ik meer Subaru terreinwagens en pick-
up trucks, wat wijst op meer landbouw. Vlak voor de grens is
een mooie plaats met witte huizen met rode daken. We stoppen
bij de grenspost, waar meer auto's staan. Vooral oude, roestig
Peugeot 404's. Overvolle containers. Auto-werkplaatsen. Gaza
is een grote zandbak met zandkastelen. Overal stofwolken,
zoutvlaktes, bouwvallen.

De taxi chauffeur zegt hier te wachten, want hij mag Gaza
niet in dus moet ik daar een andere taxi vinden. Samen met de
dames uit Jeruzalem, die hun familie in Gaza eten komen brengen, vinden we 'voor weinig' een oude taxi die ons rondrijdt
-eerst de dames afzetten, en dan vraag ik of hij me naar het
ziekenhuis kan brengen.

Daar vind ik een arts die Duits spreekt, dr. Narwan El-Sadek.
Hij studeerde in Frankfurt gedurende 12 jaar, is nu begin dertig,
bril, trui. Vraagt wat ik wil weten. Wil dat ik volgende keer een
exacter reisdoel heb. Hij was zelf journalist bij de Frankfurter

Rundschau, maar kent geen Nederlandse journalisten. Hij geeft me zijn adres, een postbus. En zelfs telefoonnummer. Vertelt me in het kort de geschiedenis.

'Toen de originele bewoners niet meer terugkwamen begon Gaza met de bouw van allerlei projecten, zoals de hele infrastructuur, watervoorziening enzovoort. Tijdens de intifada werd hier zwaar gevochten, met tussen de 1500 en 2000 doden en 7000 gewonden, waarvan veel blind, of gehandicapt waren of met zware psychologische problemen kampen.'

Hij vraagt of ik het ziekenhuis wil zien. Graag. Lange gangen, vol bedden en zelfs bloed aan de muren. Soldaten met machinegeweren staan op wacht, binnen en buiten. Hij toont een operatiekamer, die oude apparatuur heeft, maar compleet lijkt.

Dan vraagt hij of ik een VN vluchtelingenkamp wil zien. Graag ja. We lopen naar de uitgang.

'Met hulp uit Europa en van de VN werd een ziekenhuis gebouwd. Hier kost een bed $150/nacht, maar als je een familieziekteverzekering hebt, slechts $25. Het is een soort sociaal stelsel, en vergoed operaties. In Gaza zijn zo'n 1500 artsen,

waarvan zo'n 1200 betaald. Er zijn in Gaza veel paradoxen, drie 'cities' met veel privé appartementen, waarvan de mensen in luxe leven, met privé artsen, maar er zijn ook regionale ziekenhuizen die niet veel beter zijn geworden, met enkel meer mensen erbij elk jaar. Je hoort erg weinig van Artsen zonder Grenzen of de World Health Organization.'

Intussen rijden we door Gaza-stad naar een groot kamp.
'Er zijn hier drie politiemachten aan het werk: Israëlisch, Palestijns, en van de VN.'
Een vluchtelingenkamp is een soort derderangs krottenwijk vol bouwsels van golfplaten met open riolering, massa's kleine kinderen. Onverharde smalle wegen met open riolering, waartussen overal kinderen spelen. Ze zijn vrolijk. Ik zeg het de dokter.
'They are not aware...' en ik zie hem nogal boos kijken.

De arts praat gelukkig verder. 'Vluchtelingenkampen. Het Midden-Oosten is jarenlang lamgelegd door ideologische dogma's. Nu is men meer pragmatisch geworden, de (Eerste) Golfoorlog hielp daarin. Palestijnen hebben voor het eerst zelfbestuur. Daarmee hebben ze verwachtingen gecreëerd, het is nu iets anders dan zeven jaar geleden. Er is een groot verschil in het Midden-Oosten tussen centrum en periferie. Daarom heeft Israël gemakkelijker banden met Oman, Turkije, en Noord-Afrika.
Palestijnen worden wel de 'Joden van het Midden-Oosten" genoemd. Intellectueel, democratisch, maar ook agressief. De Bedoeïenen zijn wat primitiever in vergelijking. Natuurlijk heeft de Palestijnse Staat sentimenten, maar gezamenlijke belangen in een confederatie kan het toerisme stimuleren, kan de overhand krijgen. Arabische staten mogen Arafat niet en vertrouwen hem niet. Ze denken dat hij zijn investeringen in eigen zak steekt.'

Hij zegt dat een Israëlisch team actief is om Hamas in de gaten te houden. De regering zegt democratisch te zijn, in tegenstelling tot de meeste Arabische landen. Hamas heeft een goed programma vindt hij, veel onderwijs. Toch wordt het regelmatig gezien als oppositie, en er werden zo'n twintig leraren opgesloten.

Ik vraag of dat klopt. 'Er wordt gezegd dat de Israëlische regering ze opsluit'.

Hij is bang voor een burgeroorlog, net zoals de Hamas oppositie. 'De idealen waren anders dan de nieuwe realiteit. De belofte die Hamas aan de mensen deed werd niet nagekomen. Er is geen geld, dus denk je dat politiek op de te lossen zoals dat normaal is (in het Westen, BV) maar waar begin je? Als er nieuwe investeringen gedaan worden, komt er gelijk weer een nieuwe opstand.'

'Er zijn nog mogelijkheden. Vroeger waren er geen tien partijen. Nu is er Fatah, Hamas en Jihad (de grootste). Er is ook een communistische partij, maar die is klein. Veel mensen zien het niet zitten en plegen zelfmoord, vanwege deze oppositie, de onmacht en armoede.

We rijden naar het strand, want ik wil het hoofdkantoor zien van Arafat. Dat is aan het strand, dat hier een vuilnisbelt is. Dorre struiken. Een eenzaam sjokkende man, een visser, een auto die continue kuilen ontwijkt. Een jonge in soldaten kledij gehulde agent bewaakt een Israëlische nederzetting midden in Gaza. We mogen er niet door. 'Die militaire politie heeft nog meer woningen nodig, dus nog meer woningnood.'

Hij hoopt ooit een Mercedes te rijden in plaats van zijn Peugeot, maar twijfelt of het ooit zal gebeuren. 'Inshallah'... de auto start na vier pogingen.

'Gaza wordt door Israël gebruikt als een concentratiekamp. Tijdens de intifada had het hier gevangenissen waar mensen gemarteld werden. 'Ordnung', hij herinnert zich de Duitse term.

'In het begin hadden Joden enkele nederzettingen, en dachten dat de rest van het land leeg was. 'Er wonen hier toch geen Arabieren', zeiden ze. Ze hadden een cynische les geleerd van de Tweede Wereldoorlog. Een soort Endlösung, we zijn o weg naar de Endlösung voor de Palestijnen. We worden letterlijk het land uit gepest.'

Veel dokters en professoren worden getroffen door de afsluiting van gebieden en universiteiten. Ze kunnen niet aan het werk. 'Risico kapitaal kan hier goed verdienen'.

'Er zijn veel auto-ongelukken waarbij kinderen omkomen. Men is klein behuisd dus veel buiten. In de grootste straat van het kamp zijn iets grotere huisjes. Kleinere straten zijn amper een meter breed. Het is duidelijk dat hier geen enkele autoriteit kan controleren. De politie werd tijdens de intifada bedreigd, maar erna is de situatie niet veel beter geworden'.

De auto komt vast te zitten in het markt verkeer. Het normale leven blijft altijd doorgaan. 'Na twaalf jaar Duitsland moest ik enorm wennen, in het begin. Overal komen nu grote torenflats, zodat per kilometer duizenden mensen kunnen wonen. Alle kleinere huizen waren gesloopt, maar het wordt lelijker.' Overal zie ik cementwagens, bouwkranen, ezelwagens enzovoort.
Zijn vader en moeder zijn ook leraren, daarom heeft hij een goede opleiding. Maar wat moet de rest? Er is een bevolkings explosie, hoe moet iedereen eten?'

Hij rijdt me naar de grens (roadblocks) waar de taxi chauffeur op me wacht.

Ik bedank de dokter, geef wat geld, en stap in de taxi, waar we gelijk in gesprek raken. Hij is politiek actief, 'Hamas zeer zeer zeer zeer goed', en achterin zit een student die het ermee eens is. We raken in gesprek over Faisal Husseini, Iran, Saddam Hussein 'zeer zeer zeer goed', de taxichauffeur schudde ooit Arafat's hand. Mossad, Likud is kut, Rabin fifty/fifty. Israël is slecht, besluiten beiden.

De taxichauffeur woont in Oost Jeruzalem, gerimpeld gezicht, geduldig, met een zware soms fanatieke stem, bekritiseerde Arafats' beleid: corrupt, slechte onderhandelaar' beiden zeggen over de Holocaust opmerking die de dokter maakte; 'laat de Joden maar naar Jordanië gaan, dat is de oplossing' maar beiden weten dat het over een onmogelijkheid gaat. De chauffeur deelt sigaretten uit.

Beiden vinden het een nogal ongewoon plan van mij om naar
Gaza-stad te gaan, als Westerling.

In de taxi zat nog een oudere vrouw met een jong kind.
Halve sluier. Ze woonde ooit in een dorp verderop, zegt ze in
het Engels. Ik knik begrijpend. Geef de chauffeur een fooi als hij
bij de grensovergang stopt om me af te zetten.

Ik kon zomaar Gaza uitlopen, gaf een ongeïnteresseerde soldaat mijn paspoort maar die vond het goed, hij checkt enkel
auto's. Kofferbak wordt slechts zelden geopend. Het moet zeer
eenvoudig zijn voor terroristen als ze nog onbekend zijn voor
de 'bewakers', om binnen te dringen. Er gaan geen bussen naar
Gaza-stad, viel me op bij de halte. En overal betonblokken, met
ijzeren ringen bovenop, soms in Fatah kleuren, of blauw-wit
(VN).

Geschiedenis van het conflict in Israël, in het kort, volgens de Gaza arts.

Groot Brittannië was positief over het uitroepen van de Joodse Staat en over vestiging van een Arabisch koninkrijk in Jordanië. In Cairo tekende generaal Allenby de Balfour declaratie. Irak en leden van de Saudi-Arabische Hashemitische familie Hussein reageerden direct. Faisal ging gelijk naar Beirut met zijn leger, maar werd gestopt door de Britten. Abdullah ging naar Amman, wat toen nog een provinciestadje was, en Ghazi bleef tot zijn dood in Jeruzalem.

Faisal werd koning van Irak, overleed in 1958 bij een aanslag. Abdullah werd emir van Transjordanië van 1922 tot 1951, zijn kleinzoon is Hussein. Die kwam in 1953 aan de macht. Abdullah had visioenen van groot Syrië, dus Jordanië, Syrië, Irak en Libanon. De mufti van Jeruzalem was hun grootste vijand -hij leidde de Palestijnen rond 1920. In deze tijd werd de afspraak gemaakt dat als de Joden Israël overnamen, Abdullah de West Bank kreeg.

Toen na de 2e wereldoorlog de tijd kwam om de Balfour verklaring na te komen en veel Joden het gebied binnenkwamen, werd het tijd om de afspraken na te komen. Hussein werd in 1946 koning. In 947 kwam

Golda Meir met een oplossing: als de Joden vreedzaam bleven, kregen
ze de West Bank. In een paar maanden veranderde Abdullah's houding onder Arabische druk.
Vier dagen voor de onafhankelijkheidsoorlog ging Golda Meir
verkleed als oud vrouwtje naar Jordanië om met Hussein te praten.
Hij bood aan dat ze een autonoom onderdeel van Jordanië kon
hebben. Meir 'you're after the walk'.
In de oorlog nam Jordanië alleen de West Bank en probeerde Jeruzalem in te nemen, maar slaagde daar niet in. Onder Iraakse druk
weigerde Jordanië Israëlische voorstellen voor vrije toegang naar de
haven van Gaza enzovoort.
In 1962 waren er ontmoetingen tussen Israël en Jordanië in Londen bij
een Joodse tandarts, in 1965 in Parijs, en voor en na 1967. De Gaulle
waarschuwde Hussein om goede buren te blijven met Israël. Dat
probeerde die strategie te volgen, zolang Jordanië rustig is, is alles ok.
Maar toen Jordanië zich in 1967 aansloot bij de coalitie van Arabische
landen die Israël aanvielen, maakte hij een grote strategische fout. Hij
plaatste zijn leger onder Egyptisch bevel, dat langs de hele West Bank
begon te schieten en die oorlog eindigde zoals we weten met een
overwinning van het Joodse leger, dat Jeruzalem innam. Er na was er
altijd goede samenwerking tussen beide landen, handel van 200
miljoen per jaar, grenzen zijn de helft van de tijd open.

In Madrid werd in Juli overeengekomen dat vijfhonderd mensen
dagelijks de grens over mogen, er is een stukje land aan de grens waar
Israëlische boeren mogen blijven, er komen onderlinge ambassades
etc. Dus het hele akkoord is eigenlijk een voortzetting van informele
banden. Het is niet duidelijk hoe de Palestijnen erover denken. Arabische regeringen lopen vaak voór op de bevolking kwa pro-semitis-
che houding.

    Het Midden-Oosten is eigenlijk al 1000 jaar in oorlog. Neder-
land met de vier tot vijf jaar bezetting weet er eigenlijk niets
vanaf. Maar dit is de reden waarom sentimenten zo hoog
oplopen in deze regionen.

Om in het weekend in Jeruzalem te pinnen is nog niet zo gemakkelijk. Er kan geen verbinding met de bank gemaakt worden. 'Amount exceeds limit' meldde het rotding toen ik de taxi chauffeur nog 50 shekel moest betalen. Welcome, mompelde hij. Ik zoek koortsachtig naar oplossingen. Zou de cash voorraad van de bank op zijn? Of ben ik over mijn eigen limiet heen?

Naar het hotel, zei ik de chauffeur. Ertegenover nogmaals geprobeerd te pinnen, maar weer niks. Gelukkig waren er nog mensen in het hotel die me konden helpen. Portemonnees werden omgekeerd, en alle losse shekels samen maakten de chauffeur gelukkig. 'Welcome. Goodbye'.

6

Jeruzalem

H et hotel in Jeruzalem heeft een lift van het merk 'Schindler'. De straten zijn vrij rustig, het voelt veilig, tot een groep Chassidische Joden voorbij sjeest. De 'Underground' DJ draait 'losing my religion'.

Eén straat verderop kan ik wisselen voor Jordanië. Een dinar is vier en een half shekel, dus een rijksdaalder. In Amman zijn kleine wisselaars met zeer uiteenlopende maar vooral dure koersen, zeggen de handelaren.

De Gilgamesh uit Mesopotamië heeft een verhaal over een ridder die op zoek gaat naar het kruid van het eeuwige leven. Hij vindt het maar het wordt opgegeten door een slang. Dit literair element sluipt door in de Bijbel.
De drie wijzen zijn de zonen van Noah (zwart, blank en Aziatisch). De kruisgang wordt vaak vergeleken met de exodus.

We gaan naar Yad Vashem, het Holocaustmuseum. Een indrukwekkende fotoreportage over de nazi ideologie en opstand in het ghetto van Warschau en de dodenkampen. Er is ook kritiek op westerse landen, zoals dat de VS 18 maanden wachtten nadat ze over de concentratiekampen hoorden voordat ze actie ondernamen. Ook in Noord-Afrika was anti-joodse terreur. Er liggen originele straattegels uit het ghetto. Ik krijg koude rillingen van een mansgrote foto: zelden is doodsangst massaler geportretteerd.

Het kinder herdenkingspunt is minder heftig gemaakt, omdat enkele Joden een hartaanval kregen tussen de eindeloos weerspiegelende kaarsjes en de kinderstemmen en foto's. Toch leven de Israëliërs niet zo met dit verleden; het heden is al spannend genoeg.

Fundamentalisme wordt wel gekenmerkt doordat mensen denken dat wat in de Koran staat, echt is gebeurd. Het Oude en Nieuwe Testament zijn ondergeschikt geraakt aan Mohammed. Maar als we met andere ogen naar de tekst en boeken kijken zien we dat het een van de meest vriendelijke stromingen is, bijvoorbeeld in Spanje werd onder de moorse bezetting goed omgegaan met Joodse en Christelijke bewoners. Het zijn allemaal religies met een boek, en een enkele god.

Het Oude Testament wordt door Mozes en anderen verteld, het Nieuwe Testament door de 4 apostelen, waarvan Johannes anti-joods was, en Lucas half joods. De Koran is door Mohammed geschreven. Er wordt gedacht dat hij ook verborgen boodschappen toevoegde.

In het fundamentalisme wordt het heilige boek heel serieus genomen. Net als bij de Chassidische Joden, met hun zwarte jassen, baarden, krulhaar en keppel. Het Woord is onmiddellijk geopenbaard door God. Het Boek lag er gewoon. De historische context is onbelangrijk voor ze.

De Knesset hield zitting dus daar mochten we niet in. In het park ertegenover stonden permanent tenten van demonstranten met spandoeken waarop een Palestijnse strijder en Hebreeuwse teksten staan.

Onderhandelen met een Palestijn: sommigen zien je als lopende portemonnee, anderen lokken je met kreten als ' alles 1 shekel' en kom je er op af, dan stijgt de prijs tot ver boven de echte waarde. Snel omrekenen in guldens, en denken aan wat je allemaal mee sjouwt en waarmee je je woonruimte vol propt. Noem de helft van de prijs die je maximaal zou willen betalen. Nu een jongere generatie kleiner moet gaan wonen dan de voorgaande, zal de verkoop van markt parafernalia aan toeristen slinken. De oorlogen doen ook al geen goed aan dat toerisme.

7

Jordanië

In Israël is een grote grenspost waar de passen gecheckt worden, de bus rijdt door naar de Allenby-grenspost waar tot voor kort alleen krijgsgevangenen uitgewisseld werden.

Daar gaan we in de rij voor een uiterst strenge metaaldetector. Tegenwoordig normaal in elke luchthaven (schrijf ik in 2023) maar toen nog niet. Riemen, sleutels, horloge, bril, portemonnee inleveren, door poortje, dat piept dus mobiele detector, die vindt ook niets. We krijgen een visum en betalingsbewijsje. Terug in de bus. Een filmploeg met een Ben Gurion Airport-busje wil ook door de grens. Het best is al heel vroeg te komen, vanwege de maximaal 500 mensen-eis.

De bus rijdt door, over de Allenby brug over de Jordaan, bewaakt door militairen en politie. Dan de volgende stop, waar we Jordaanse stempels krijgen van een oude man in een roodwitte kefiyah. We stappen over in een Jordaanse bus. Het ding lijkt op een oud bruin café aan de binnenkant. Rode bekleding. De gordijnen zijn allemaal dicht, ik doe het bij mij meteen open. In deze grensplaats rijden dure limo's met goed geklede heren (ambassadeurs? Onderhandelaars?) heen en weer. Eén heeft een Zweedse vlag. De letters 'CD' ontbreken echter. Het portret van koning Hussein (een jonge versie) is wel aanwezig. In zijn regime gaat alles nog lang niet even soepel blijkt wel uit dit grens-voorbeeld.

Jordanië is regionaal een vrij zwak land, hoewel het rond 1960 goed liep, met de West Bank, heel Jeruzalem, en de handel met Irak en Iran. Na de Zesdaagse oorlog bleef vooral woestijn over, en kwamen er veel Palestijnse vluchtelingen bij. Het land koos de kant van Irak omdat het olie levert en economische hulp biedt. Na de Golfoorlog viel dat deel van de handel weg. Het land verloor elke oorlog in het Midden Oosten. President Hussein is echter een goede onderhandelaar, bepalend voor de positie van het land. Syrië en Irak kunnen elkaar niet uitstaan.

De economie hier drijft op toerisme en landbouw. De regering betaalt school kosten vanaf het zesde jaar, zo'n $20 per jaar. 85% is relatief goed opgeleid. Ziekenhuizen worden grotendeels door de regering bekostigd. Jordanië is een rivier-oase. De economie drijft vooral op de landbouw die langs de Jordaanoever plaats vindt. Het grondwater wordt intensief opgepompt. De opbrengst grotendeels geëxporteerd. Er is een beetje teelt in kassen en af en toe is er een waterbassin. Maar veel riviertjes zijn uitgedroogd, door bananenplantages.

Vrolijke, bont gekleurde kleine vrachtauto's. Langs de weg soms groente en fruit venters, huisjes, een garage. Iemand repareert een telefoonkabel, een ander zaagt overbodige takken af. Een winkeltje met lokale producten. Uit alle daken steekt beton ijzer. Uitbreiding verwacht. Voor en na ieder dorpje en stadje is een wachtpost. De markt is kleurrijk. Op het platteland vooral vrouwen aan het werk. Links langs de weg is het Abdul-

lah-kanaal waarop veel wadi's uitkomen. Er is grote waternood dus veel plastic om verdamping te voorkomen.

Linksboven op de berg is een enorme kruisvaarders-burcht.
Men bouwt huizen op de hellingen zodat de vruchtbare vlakke
grond voor landbouw gebruikt kan worden. Soms overbrugt de
weg een wadi, droge rivier. De meeste doden vallen hier als
zo'n wadi plotseling overstroomt. De lucht is bewolkt, maar het
licht is helderder dan in Nederland. Overal hangt was te dro-
gen. Olijfbomen en geiten versieren de heuvels. Iedereen kijkt
als de bus langskomt, sommigen zwaaien.

Dan zien we enorme ruïnes van Jerash: drie amphitheaters,
lange zuilengalerijen (Corinthisch/Ionische stijl). Een tempel
voor de godin Nympho bevat een enorme badkuip die onze
fantasie de oude tijden laat herbeleven, toen hier enkel maag-
den mochten verblijven. Ook Artemis is aanwezig.

Koning Hussein is een constitutionele monarch. Sinds 1987
zijn er parlementsverkiezingen, maar er heerst een sterke sympathie voor fundamentalisme onder de laag opgeleide bevolking. Als er geen investeringen van buitenaf komen, waarschuwt
de koning dat ook Jordanië ten prooi kan vallen aan deze is-

lamitische ziekte. Fundamentalistische partijen zijn sterk vertegenwoordigd in het parlement.

De rivier Jerak is in zijn normale stand, een wild stromende
geul vol keien.
De wegen hier zijn erg goed, gloednieuw. We komen langs de
Philadelphia University en een stuwdam in de Jerak. Tekenen
van investeringen.

De bus rijdt de vallei weer in, overal losstaande huizen,
landbouwgrond. Dan rijden we een van de zeven heuvels van
Amman op, een stad met ruim een miljoen inwoners, een
moderne wit-stenen stad, waar flink gebouwd wordt (de gids
-hoofd van de archeologische dienst- spreekt van een 'ava-
lanche') en links zien we weer een universiteit en een hospitaal.

Amman is een rijke stad, lijkt het. Veel westerse winkels,
gloednieuwe moskeeën, winkels en huizen. Pepsi, coke en Piz-
za Hut. Deze wijk, Sarasani, is westers georiënteerd. Veel uit-
gaansmogelijkheden. Het hotel is superdeluxe, maar het bier in
de koelkast is natuurlijk duur.

De bediening in restaurants gebeurt nog op koloniale stijl.
Lekkere kip, maar kleine porties. We zijn ver van downtown,
maar taxi's zijn goedkoop. Hier voel ik me echt ver van huis,
met alle Arabische tradities en beleefdheid formules die zo
sterk verschillen van de onze. Het verkeer raast door als in elke
grote stad, maar hier heb ik een sterk unheimisch 'buitenwijk'
gevoel dat ik niet had in Jeruzalem.

Gezellig is het wel, met zo'n grote groep op vakantie, maar
iedereen is erg moe, we hebben de hele nacht door gefeest in
de waterpijp-bar downtown.

Op een van de kamers heerst een whisky feestje tot tien uur.
Maar morgen moeten we om half zes op.

De bouwstijl in Amman is erg saai. Weinig groen, veel chaotisch verkeer. De wegen lijken op Formule 1 circuits met hoge geel-zwarte trottoirbanden.

De meeste inwoners zijn geschoolde (kinderen van) Palestijnse vluchtelingen, die prima Engels spreken. Iets interessants of ouds heeft Amman echter niet. De kefiyah is hier dé hoofdtooi, een rode voor de volkspartij van Hussein en een groene voor de fundamentalisten. Vrouwen hebben een witte hoofddoek om. De functie is puur praktisch, bescherming tegen de zon en ventilatie van het hoofd.

Een dinar is iets meer dan een euro (ik schreef twee gulden vijfendertig), wat drie en een halve shekel is. De dinar is onderverdeeld in honderdsten en zelfs duizendsten.

Eindeloos is de Negev, een gigantische zandbak met rotsen en heuvels aan de horizon. De westerse beschaving is teruggedrongen tot die ene asfaltstreep, met af en toe een vrolijk verlichte stopplaats, nog minder tankstations en vrijwel geen huizen en dorpen in de driehonderd kilometer van Amman naar Petra, ons reisdoel.

Verderop wordt de beschaving op een heel andere, oeroude traditionele manier voortgezet door de Bedoeïenen, nomaden in tenten, gemaakt door vrouwen die in hun cultuur een hoge status hebben, omdat ze het meeste werk doen.

Mannen zorgen voor de sociale contacten en handel (voornamelijk in kamelen). Bedoeïenen zijn georganiseerd in stammen die uit meerdere families bestaan. De wetten zijn oud, en er is onder andere nog 'bloedwraak': als een man vermoord wordt mag een man uit de moordenaars-stam gedood worden. Is een vrouw vermoord, dan worden vier mannen van de andere stam gedood.

De tenten waaraan jaren gewerkt wordt, liggen op een gemarkeerde plek in de woestijn en blijven daar tot de familie weer terug is.

8

Naar de grens met Irak

We hadden voor 70 (plus 5 tip) dinar een busje gehuurd met chauffeur om met dertien studenten naar de grens met Irak te rijden. De dames zingen heftig. Andere groepen hebben auto's gehuurd.

Gisteravond hebben we met de hele groep waterpijp gerookt, althans, nummer één bestelde, en begon direct te drinken toen hij zijn glas kreeg, dus toen ook de naast gezetenen, en ikzelf, want 'when in Rome..' En toen volgde de rest ook, inclusief een docent. Een bandje met een veelsnarige Ud-bespeler en trommelaar en een zanger die volgens het publiek op TV kwam, trad op. We kregen koekjes en water, maar niemand vertelde erbij dat dit extra kostte. Een traditioneel geklede Turk legde kooltjes op de met aluminium folie bedekte Bahrein-appeltabak.

Jeruzalem wordt nog steeds Al-Quds genoemd door de Arabieren, en is tot diep in Jordanië op de radio te horen, net als Saudi Arabië. We gaan dwars door het enorme onoverzichtelijke Amman, de chauffeur (Ahmet, die geen engels spreekt) wijst ons op het hoofdkwartier van de veiligheidsdienst en alle gewapende agenten. Ik hoop dat we door de verkeerschaos komen, er zijn geen stoplichten, of strepen op de weg, en de trottoirs hebben een lego achtig patroon, worden pas aangelegd nadat de huizen er staan.

De taxibus rijdt door Quds-El Havana, gebouwd in de achtste eeuw, als uitbreiding van het Islam-rijk. Een politiepost annex caravanserai. Kleine ruimtes, stallen voor paarden en kamelen, en een binnenplaats.

Deze kastelen zijn gebouwd in de zevende en achtste eeuw, toen islam nog gloednieuw was. Kaliefen en de Umayyad dynastie lieten ze bouwen. De meeste liggen op een kwartier rijden van elkaar, op de karavaanroute.

In de woestijn gaan we naar het ooit door Romeinen gebouwde Azraq, waar de Britse diplomaat Lawrence of Arabia -schrijver van 'Seven Pillars of Wisdom'- ooit kwam. Het is gebouwd met donkere stenen en steekt uit in het landschap.

Hierna bezochten we nog drie andere woestijnkastelen waar ooit Moorse heersers woonden. Ze hielden zich vooral bezig met jacht en de schone kunsten. Achtste eeuwse fresco's van naakte vrouwen, wijn, en feesten. Byzantijnse en pagan thema's tonen dat dit aanvankelijk niet als 'fout' gold. Achtereenvolgens zien we Umm Qais, Qasr Al -Kharanah, en Quseir al Amra, een achtste eeuws jachtslot met baden, beschermd door Unesco. De bouwstijl toont

Mesopotamische, Arabische, en Griekse invloeden. We klimmen tot bovenop, en nemen foto's van het landschap en elkaar.

Op de terugweg fotograferen we de zonsondergang in de woestijn.

9

Interview met een regeringswoordvoerder

We zijn in de officiële ontvangstruimte van de Jordaanse regering (the 'Guest House') en mogen spreken met een woordvoerder van het Ministerie van Informatie. De guest house is speciaal gebouwd voor het vredesverdrag. Koningin Beatrix was hier twee maanden geleden nog; de banden met Nederland zijn goed. De dialoog met de EU is sowieso vruchtbaar.

'We hopen dat er meer steun naar de regio gaat. We zijn een klein, dun bevolkt land, met goede leiding, lokatie in het hart van het Midden Oosten, wat ons een centrale rol geeft en verantwoordelijkheid voor het vredesproces. We zijn trots op de bevolking, verlicht, gematigd, geen extremisten. Democratie vereist wel dat de Islamisten vertegenwoordigd zijn, we proberen deze in te kapselen. Dat doen we door ze te overtuigen van het nut van vrede, het uitzicht op een beter leven, dat mogelijk is, ook als Israël blijft bestaan.'

'Het verdrag van Oslo getekend 26 oktober 1994, bevatte de eis niet alleen de oorlog te stoppen, maar ook om te investeren, te construeren, betere leefomstandigheden voor toekomstige generaties te maken. Dit gaat over onze overeenkomsten, over handel, transport, wetenschap, landbouw, gezondheid, toerisme. We gaan de omstandigheden zo verbeteren dat men kan zien en voelen dat er verbetering is.

Hulp van de internationale gemeenschap is hiervoor nodig, lukt dit niet dan hebben we een probleem.'

Hij begint met een beschrijving van de politiek, met twee parlementaire huizen, scheiding der machten, en is blij met de lange vrede met Israël. Het is een klein land met weinig grondstoffen, dat nu nog dertien procent van het BNP aan het leger geeft, wat hij teveel vindt, want er is nu vrede. Het is het kleinste land in de regio na Jericho (zoals hij de West Bank noemt) en Gaza.

Een student vraagt 'wat voor soort economie het land wil opbouwen, zware industrie of diensten-sector?'

Een kennis-economie, zoals Nederland. De woordvoerder wijst op de zeventien universiteiten die het land telt. Er studeren ook veel buitenlanders, de ziekenhuizen hebben satelliet verbindingen. Er is een prima banken- en communicatie-systeem, een actieve privé sector, dus ja het land is op weg een soort lokaal Singapore te worden, waar hij ooit ambassadeur was.

In de herfst is er een nieuwe economische top waar het hele Midden-Oosten bij zal zijn. Daar wordt de concurrentie tussen landen beteugeld, maar er worden ook plannen voor infrastructuur besproken. Er is maar één treinverbinding bijvoorbeeld, tussen Istanbul en Mekka. Jordanië wil vervoer verbeteren en centrum worden. Landbouwprojecten, telecom, wegen etc.

Er is de beschuldiging dat de Arabische 'broeders' snelle onderlinge ruzie maken. Maar alles gaat er langzaam. Zo duurde het drie jaar voordat koning Hussein met resolutie 242 vrede met Israël accepteerde. Heel veel Arabische landen probeerden hem over te halen dit niet te doen. In feite komt het neer op het ruilen van land voor vrede en handel met Israël.

'Er hoeft geen VN-leger tussen Jordanië en Israël te bestaan. Er zijn geen zones. Sinds 1948 heeft Jordanië geen centimeter land verloren. Libanon en Syrië zitten in een proces om Israël te erkennen in de Madrid-overeenkomst. Sommige delen van de Arabische wereld gaan sneller vooruit want hebben minder interne problemen, maar het zal nooit een warme vrede worden met Israël, meer een verstandshuwelijk. 'Accept democracy and the way of life'.'

Jordanië kent freedom of speech, met 23 partijen is het hele spectrum vertegenwoordigd. 'Een verkeersopstopping van verschillende soorten vrede'. Er zijn vijf

dagbladen, onafhankelijk, waarvan één Engelstalig. De regering
geeft een beetje aan welke normen gehanteerd worden, wat
onderdeel is van de Arabische pers geschiedenis, die ontstond
toen Napoleon in Egypte kwam.

Arabische regeringen kenden vooral een overredende
agressieve manier om de onafhankelijkheid te beschermen.
Ofwel werd de inhoud gedicteerd, zoals in autocratische landen, waarin alle overheids besluiten goed zijn, ook al kloppen
ze niet, de redactie zal er dan een reden voor schrijven. Sub-
tieler is om niet uitgesproken te manipuleren, zoals Arabische
kranten in Londen en Parijs, dit soort pers is gevaarlijker want
ze 'sugarcoat the pill', men denkt met de vrije pers van doen te
hebben. Momenteel gaat Jordanië richting volledige persvrijheid, waarin ze financieel onafhankelijk is, met advertenties,
maar dit kent geen lange Arabische traditie dus kent het nog
kinderziekten.
Na de crisis van 1988 nam de regering de pers over, onder
noodwetten, ze ontsloegen de democratisch gekozen hoof-
dredacteur en uitgever. Dit was een stomme fout, achteraf
gezien dus werd deze terug gedraaid.
Vergeleken met de Europese pers is de situatie erg slecht,
maar vergeleken met andere landen in de regio, is het een
eerste stap. Gehoopt wordt dat de regering uiteindelijk helemaal uit de pers stapt. Fundamentalisme-controle is de reden
dat dit nog niet gebeuren kan.

Er zijn vier miljoen mensen met groeiend zelfbewustzijn.
Planning van een toekomst voor de kinderen is momenteel belangrijker dan politiek. Een paar maanden geleden bood het
ministerie een serie over landbouw op de TV.

Veel lezers zijn diplomaten en dergelijke, de elite. Die lezen
een engelstalige krant, geschreven in het Arabisch. Je moet op-
passen met roddels, iedereen kent iedereen, dus geen namen
of adressen. In landen waar stamverbanden minder sterk zijn,
geldt dit minder. Stammen sturen soms protestbrieven.

In tegenstelling tot Israël is Jordanië een patriarchaal land, maar tegelijk ook pluralistisch, met een vrije pers et cetera. De pers probeert ook om vooroordelen tegen derde wereld onderwerpen op te lossen. Een stereotype voorbeeld uit het nieuws is bijvoorbeeld besnijdenis bij meisjes. Dit wordt in het Westen als sensatie gebracht, waarbij niet gekeken wordt naar de privacy-rechten van het meisje of haar familie. Alleen de negatieve aspecten van de Islam worden gezien, zoals de strijd in Algerije tegen de Franse overheersing. Sommige wortels van het probleem liggen hier.

Tabloids geven problemen omdat ze sensatie maken, een nieuwe pers- en publicatiewet voorkomt dat licenties van bladen ingetrokken kunnen worden, sinds drie jaar gaat de rechtbank erover. De koning en bevriende staatshoofden mogen niet beledigd worden in de media op straffe van 500 dollar. De RTV zijn eigendom van de overheid. Zijn ministerie bepaalt de inhoud. Dit wordt gedaan om te voorkomen dat islamistische zenders mensen gek maken met dag en nacht hersenspoeling. Maar mensen kopen schotels, hiervoor.

Er zijn drie Ba'ath partijen, waarvan één in Jordanië (de andere waren in Irak en Syrië). De koning heeft veto recht, maar gebruikt die macht niet. Hij kiest de 40 leden van het Hogerhuis.

In 1988 halveerde de Dinar in waarde. Discussie hierover, of over het leger kan niet, wat in feite neerkomt op zelf-censuur.

Met de groeiende interesse in de wereld voor regionaal tourisme zijn er plannen om samen met Egypte en Israël samen te werken voor tours en PR.

Het grootste deel van de toeristen komt uit Japan en besteedt vier maal zoveel als de gemiddelde Brit.

Er is ook werkloosheid, van zo'n 350.000 mensen, voornamelijk uit het buitenland. De grenzen kenden lange tijd problemen met beveiliging, maar er is nu 'law & order'.

Met zestien partijen vormen de moslims het grootste blok, wat paranoia geeft in het buitenland. Het zijn erg nationalistische partijen, willen mee regeren, maar zijn tegen vrede en normale betrekkingen met Israël. De oppositie wordt op democratische basis gevoerd, zonder geweld. Er is geen angst dat ze een regering vormen, omdat de bevolking vrijheid en democratie wil zonder een gepolitiseerd leger.

Andere plichten voor de koning zijn de representatie van de drie machten, rechterlijk parlementair en regerend, bemiddelen, en dus het veto recht in de Grondwet.

Een hele generatie is opgegroeid met deze koning die het land heeft opgebouwd uit het niets, zonder buitenlandse hulp, uit nationale hulpbronnen. Tijdens de Eerste Golfoorlog was Jordanië het enige land waar Westerse journalisten konden verblijven -er waren op het hoogte punt zo'n 4 a 500 in Amman.

'Oslo' is een uitgebreide overeenkomst. De Palestijnse Nationale Autoriteit regelt hoe het wordt geïmplementeerd in handel, administratie, bankieren en transport. Gisteren vertrok een delegatie naar Gaza om een kantoor te zoeken.

Tot nu toe is er isolatie met Syrië; de Amerikaanse Secretary of State, Warren Christopher moet die lijmen, want het is een onomkeerbaar vredesproces dat niet gestopt kan worden. Jordanië heeft lang op deze doorbraak gewacht tussen de Israëliërs en Palestijnen. Likud of Labour, een regering dient zich aan het verdrag te houden.

Enkele maanden geleden kwam Netanyahu hier op bezoek. 99% van de Knesset koos voor vrede met Jordanië. Hoe beter de economie zal lopen, hoe minder Hamas en andere vredes oppositie zal zijn.

De privé sector houdt van vrijheid om te investeren, Jordanië houdt van veiligheid. Het land gaat zelf niet investeren in Gaza, maar hoopt dat Europa dit zal doen, vanwege het belang van de regio, het is niet ver van de EU."

Voor Palestijnen geldt een Jordaans paspoort vijf jaar, maar voor PLO leden slechts 2. Velen willen terug naar hun eigen land. Er is weinig onderzoek gedaan of de derde generatie nog terug wil. Het percentage Palestijnen in Jordanië is vijftig a zestig, maar er is geen consensus over cijfers, en er wordt niet naar gevraagd. We denken ongeveer veertig procent. We zijn Jordaniërs, geen Palestijnen of Hashemieten of Bedoeïenen. Er zijn heel veel gemengde huwelijken.

De Palestijnen in de kampen? 'Die wonen gratis, genieten daarvan'.

Plots begint de woordvoerder over de oorlog tussen Tsjetsjenen en Kaukasiërs, en dat na de Bolsjewieken de grote Arabische revolutie begon. "De vierhonderdduizend Palestijnen uit Koeweit hebben nauwelijks geld, zijn vooral ingehuurd, er bestaat geen immigratiewet".
En dan sluit hij de bijeenkomst, tot onze verbazing. Loopt de kamer uit.

Hiermee sluiten we het interview af.

10

Amman

Het is markt in Amman, en er is weer geen doorkomen aan. Ik heb drie waterpijpen gekocht voor 43 dinar in de King Tallal straat nabij de Al-Husseini moskee. Iets drinken in een restaurant lukt niet, ze zijn allemaal druk bezig het eten voor zonsondergang klaar te maken.

Alle ambachten zijn gegroepeerd in wijkjes en aparte straten, zoals vroeger in Nederland ook het geval was met de gilden.

De Ramadan is streng hier, iedere sigaret of hap wordt je misgund op klaarlichte dag. Zelf roken de lokale mensen stiekem wel.

We gaan naar Baka, 20km ten noorden van Amman, in de VN bus (model: Soweto schoolbus) met rond dak, deuren met handbediening, schuifraampjes en spartaans zittende banken. De bus gaat door buitenwijken met witte huizen waarvan we de luxe inmiddels wel kennen: satelliet schotel met 1000 zenders, Europa, Amerika, CNN, MTV etc, beneden enkel Amman 1 en 2 in een soort Versailles achtige luxe. Twee prachtige dochters waarvan één politiek studeert. Veel zoons die allemaal in Amerika gestudeerd hebben. Modern denkend, de dochter draagt enkel een sluier wanneer dit nodig is. De familie is rijk geworden met oliehandel, landbouw (zaden), bankzaken, fysio-therapie enzovoort, en heeft een hele heuvel gekocht. Daar komen huizen voor de kinderen. De man is een neef van de koning. Hij zegt dat het land op technologisch gebied niet achterloopt, maar op financieel. Inderdaad zagen we bij de krant in Amman een Apple PowerPC, Picture-net en News-net.

Het is de eerste keer dat ik in een echte anarchie ben: zo mag je het verkeer in Amman wel noemen. Soms is het 'keep your lane', dan weer via alle gaatjes links en rechts inhalen. Overal wordt getoeterd, en slechts op de hoogst noodzakelijke punten zijn stoplichten. Ik heb nog geen files gezien. Misschien is dit het enige verkeerssysteem dat echt werkt....

We zijn in een Chinese school, opgezet door China.

We praten met de manager van de UNRWA vluchtelingenorganisatie. 'Namen ga ik hier niet noemen, de mensen zijn wellicht al dood, of met pensioen.

UNRWA, vroeger UNIFIL, is een dienstverlenend apparaat. Ik ben hier via een advertentie binnengekomen, kende Beirut uit mijn Philips dagen. Ik ben via de voordeur binnengekomen, veel anderen helaas via zijdeuren. Ongeveer acht honderdduizend Palestijnen zijn displaced. Komen uit de West Bank of Gaza, en hebben een baan in Koeweit, Saudi-Arabië enzovoort gevonden, maar raakten hun baan kwijt omdat ze hun verblijfsvergunning niet konden verlengen omdat ze niet in Gaza of de West Bank waren. Dit soort dingen kan ik officieel niet zeggen, maar ik leef er wel dagelijks mee.'

'We weten niet exact hoeveel mensen hier leven, maar de ruimte is beperkt. Na de Zesdaagse oorlog kwam de tweede Palestijnse exodus, waarbij honderdvijftigduizend Palestijnen vertrekken. De UNRWA is het gevolg van resolutie 242. Er zijn zestien vluchtelingenkampen, de rest leeft in steden en dorpen. In totaal zijn er meer dan twee miljoen vluchtelingen. Nu 350.000 kinderen. Het hoofdkwartier van de UNRWA is in Amman en Wenen. Er zijn 10.000 leraren nodig, getrainde Palestijnen. De film is oud; er zijn nu 3 miljoen vluchtelingen, waarvan 1.25 miljoen met dezelfde rechten als Jordaniërs.'

'Er zijn 202 scholen, gebruikt zowel als lagere school en als college. Er zijn gespecialiseerde ziekenhuizen. Geprobeerd wordt de vluchtelingen een zelfstandig beroep te geven. Er is geen vast budget, alles hangt af van donaties. Alle Palestijnen willen terug naar hun oorspronkelijke grond. Dat is wat ze in het diepst van hun hart willen. Het vredesverdrag is een verstandshuwelijk. Voor de VN is het erg moeilijk om een eigen Palestijns curriculum te onderwijzen. We moeten les geven in wat het gastland wil. De overheid in Jordanië bestaat vooral uit Bedoeïenen, alle andere baantjes zijn voor Palestijnen, Tsjetsjenen, Kaukasiërs enzovoort.'

'Vanuit tenten moeten mensen werken voor een huis, zo goed mogelijke opleiding voor de kinderen, en verder is het 'laat me met rust'. In Amman zelf zijn twee kampen uit 1948/49, nauwelijks nog zichtbaar, niet omheind, maar wel armer dan de rest van de stad. Elk jaar neemt de bevolking daar met bijna vier procent toe. Het kamp heeft nu tachtigduizend bewoners en zit aan de limiet. In 1983 is er voor het eerst een betonnen gebouw neergezet want niets mag permanent zijn. Er is toestemming nodig van de regering voor nieuwbouw. Iedere familie woont op 100 vierkante meter. Bij andere families van de stam is het reden om niet te verhuizen maar de stam te verlaten. Men mag geen nieuwe verdiepingen bouwen vanwege privacy van de buren. Met andere woorden, het is geen fijne buurt om in te wonen, en de meeste mensen doen enorm hun best om werk te vinden en uit de armoede te komen. Het begint met scholing, en daarin is veel variatie. De armste scholen hebben vaak last van grotere nadruk op religieuze zaken dan economische. Wie er na al die jaren nog steeds woont heeft meestal problemen om aan werk te komen.'

'Het is een beetje te vergelijken met trailer parken in Amerika of armere wijken in Europa. Wie er woont is vaak gewoon jaloers op wie het beter heeft getroffen in het leven. Wie er generatie na generatie woont en claimt dat dat is omdat men niet weg kan komen, heeft doorgaans een zeer slechte naam opgebouwd, zoals de Fatah vrouwen in hun kampen. Dan ben je een veiligheidsrisico.'

'In Gaza bewaken zwart geklede jongeren de orde. We mogen niet teveel praten met de kamp bewoners.
Hamas heeft hier een kantoor, maar regelt geen terroristen. Er is weinig politiek bewustzijn, maar je kunt er niet teveel over zeggen. Ik heb zelden een betere manier van zelfdestructie gezien dan de PLO.
In Gaza is niets meer over, het wordt nu op ouderwets Islamitische wijze geregeerd. Dat betekent ook enorm veel geboortes. In Baka zijn ongeveer 100 geboortes per dag. Het is de grootste in Jordanese familie planning, maar te klein gezien de enorme bevolkingsgroei. De islam verbiedt abortus, staat wel anticonceptie toe. We moeten de snelheid van de geboorten verminderen.'

In het Amman-vluchtelingenkamp zie ik heel veel 4- tot 12-jarigen, en golfplaten winkeltjes met tweedehands inhoud. De hoofdweg is geasfalteerd. Ik zie geen open riolering zoals in Gaza. Alle vrouwen dragen een hoofddoek, auto's hebben pauwenveren op de motorkap. De straat is duidelijk te smal voor twee bussen. Er is geen voor of achteruit mogelijk. Een stapel stenen belet ons de doorgang. Achter ons een rij auto's. Het busje wordt gewoon opgetild en opzij gezet. Iedereen loopt er gewoon voorbij, winkeliers kijken het lachend aan. Na tien minuten kunnen we erdoor en komen langs een automaat van de Arabische bank en een enorme zender. Voor KampTV.

Het werk bij de VN is moeilijk, en wordt door Arabisch sprekende Palestijnen gedaan die ook administratieve taken vervullen. Maar het is een populaire baan. 'Je moet je afvragen: wat kan ik hier betekenen?'

De taxichauffeur op de terugweg is een Koeweiti, die geen paspoort krijgt van zijn geboorteland, en niet integreert in Jordanië. We geven hem 1 dinar, zijn meter staat op 0.65.

s' Avonds is er evaluatie. De reisleider was met een groep in de woestijn bij de Dode Zee geweest. Erna gingen we kaarten, en ik probeerde de waterpijp.

11

Paspoort ellende

D e volgende dag, dinsdag, rollen we om kwart voor zeven het bed uit, we douchen, ontbijten, pakken en groeten het personeel voor we vertrekken, we zijn uitstekend verzorgd. We moesten vier keer het paspoort tonen bij de grens.

En hier ging het verkeerd voor mij, ik had mijn paspoort in
het bagagenetje gestopt van de leuning vóór me. Dan gaan we
de Allenby brug over en rijden naar de terminal waar we van
bus wisselen. Alle bagage mee, en vlug vlug!!!

Alles moet zo enorm gehaast, we worden door de metaaldetector heen geduwd, weer de riem uit, horloge, sleutels, bril af,
en dan kom ik er achter dat mijn paspoort weg is. Ik dacht eerst
dat ik hem in m'n jas had laten zitten, dus ga ik daar naar op
zoek, niet in de binnenzak, nergens. Terug naar de bus word ik
tegengehouden terwijl de bus weg rijdt!!

Omdat er geen interne communicatie is tussen de verschillende posten langs het traject, rijdt de buschauffeur helemaal
door naar Amman, waar hij hoort dat hij terug moet rijden met
mijn paspoort, dat in de achterste rij in een netje zit.

Men gaat ook heel slecht om met bagage, twee van de drie
waterpijpen zijn gebroken, allemaal staan we bij de manager
van de terminal ons gelijk te halen. De waterpijpen worden
vergoed, maar ik mag Israël niet in zonder paspoort. Ik heb
precies doorgegeven waar hij in de bus ligt.

Onze groep wil de Dode Zee zien dus die vetrekken weer, ook
naar Massada. De gids, Eward, geeft me geld, telefoonnummers
en een brief in het Hebreeuws voor de taxi chauffeur, maar
uiteindelijk moet ik niet naar de Dode Zee, maar naar het
vliegveld Uvda, nabij Eilat aan de Rode Zee. Vóór drie uur moet
ik vetrokken zijn, anders blijven tot Eward komt.

Groepen toeristen komen en gaan, van bejaarden clubs tot
hippie stelletjes tot de Rotary. De meisjes van de grenspost zijn
nauwelijks in me geïnteresseerd, lachen wat om m'n situatie.
Een dikke man met bril en walkie talkie is manager, stuurt me

naar een wachtlokaal en zegt dat er aan het paspoort gewerkt
wordt, ik ga naast z'n kantoortje een peuk roken.

Soms een gebaar maken, dat ik wat zenuwachtig ben, ik ga
ijsberen. Een uit Rusland geëmigreerde soldaat vraagt me wat
er is gebeurd dus ik leg het uit, hij wenst me geluk. Uiteindelijk
roept de manger me, en vertelt dat ik hoe dan ook Israël niet in
mag maar via de Nederlandse ambassade in Jordanië een
oplossing moet zoeken. Dat leek mij nogal een probleem omdat
ik het geld niet heb om een vliegreis te betalen. Ik kon ook niet
meer pinnen. Had met de reisleider afgesproken dat ik op de
grenspost zou blijven tot ik ofwel m'n pas had, of met hem iets
zou ondernemen. Uiteindelijk werd ik toch overreed om in te
stappen in een geblindeerde limousine (waarmee in vroeger
tijden krijgsgevangenen geruild werden) en afgezet bij de Israëlische grenspost aan de brug over de Jordaan. De baas van
de grenspost, van de terminal, en ik liepen de met olie bedekte
opgelapte oude ijzeren brug over, en de Jordanese grenspost in.
Ertegenover was een legerpost met een camouflagenet erover-

heen, ernaast een overdekt 'terras' waar vijf oudere Jordaniërs
stonden te praten. Een Jordaanse jongen had me geholpen de
koffers over de brug te sjouwen, ik gaf 'm wat geld, en hoorde
dat hij uit een stad naast Amman kwam. Ik vertelde wat er
gebeurd was en dat ik me een echte idioot voelde, een 'nobody'
zonder paspoort.

Hij stelde me gerust en gaf me een speldje. Rood met een di-
agonaal kruis. Ik wilde hem een Petra-steentje terug geven
maar dat accepteerde hij niet.

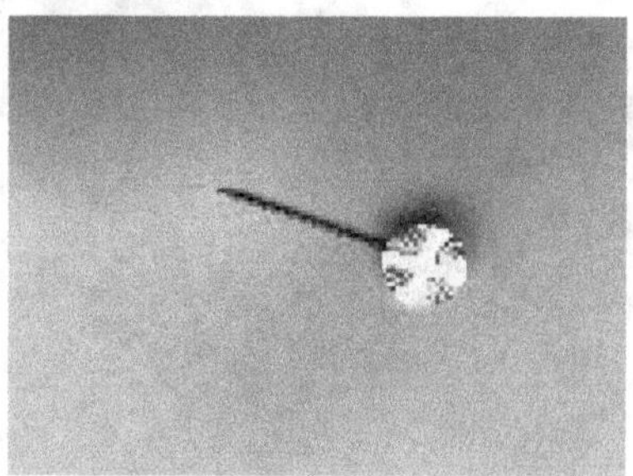

Ik moest toen het kantoortje in van de grenspost waar geüni-
formeerde douaniers met elkaar over mij praatten. Er werd
sowieso heel veel over me gepraat, alsof ik eerste stommeling
was die zoiets uithaalde/overkwam en de procedure nog be-
dacht moest worden. Aan de muur van het kantoortje hingen
ingelegde bordjes met spreuken in het Arabisch. Sowieso waren
alle gesprekken in het Arabisch of Hebreeuws, en alleen in het
Engels als ik aangesproken werd.

Ik zag mijn paspoort op het bureau liggen!!
Het was niet gestolen! Allejezus!
Een taxichauffeur was in sneltreinvaart naar de grenspost
gereden. Ik kreeg de pas, maar moest eerst aanhoren van de in
militair uniform gehulde grenspost-kolonel dat ik mijn pas altijd
heel dicht bij mijn hart moest dragen.

Kon gelijk instappen bij een busje met jonge Zwitsers die in
de Sinai jeepsafari deden met gitaren en benieuwd waren naar

mijn verhaal, terwijl we de brug weer over gaan en weer uit-
stappen bij de Israëlische grenspost.

Ditmaal mag ik het land wel binnen, en ik ga direct naar de
taxi's om te onderhandelen, vind een verlengde Mercedes die
me naar de Dode Zee wil brengen, voor 200 dollar. Eenmaal bij
de Dode Zee horen we dat de bus is vertrokken, richting vlieg-
basis. De chauffeur begrijpt dat ik dat vliegtuig moet halen,
gelukkig, ik heb een cassette tape die hij goed genoeg vind, en
zo rijden we met Rage Against The Machine op topsnelheid
naar het zuiden, dwars door de eindeloze Negev woestijn, uren-
lang. Hij had gelukkig bij de luchtmacht gewerkt en wist waar
het vliegveld lag. Het werd donker en was al helemaal donker
toen we arriveerden bij het vliegveld. Daar stonden twee docenten me op te wachten. Ik ging gelijk door de beveiliging en
zij betaalden de taxi, ik was net op tijd voor de vlucht.

Hopelijk vond de taxichauffeur het een leuke cassette, maar
misschien was het net ietsje te agressief, blijkt achteraf, zul je
altijd zien.

Terug lezend door mijn reis aantekeningen van 1995 valt me
op dat niemand toen kon weten hoe groot de kloof tussen Oost
en West was. De docenten waren linkser, idealistischer, en
misschien ook wat meer naïef dan nu. Ze lieten het vooral aan
de studenten over om vragen te stellen. Nogal weinig vragen
werden gesteld omtrent Hamas en hun belofte om alle joden te
doden (dat was nog niet helemaal duidelijk toen).

Ik denk dat het altijd zo gaat met grote menselijke projecten.
Het duurde bijvoorbeeld meer dan vijftig jaar voordat we de
Maan opnieuw bezochten. Maar ditmaal weten we beter wat
ons staat te wachten. Ik hoop dat in plaats van ruimte-pro-
jecten, de door ons toegestane (want waar blijft die revolutie?)
miljonairs en miljardairs eindelijk ophouden met hun ko-
rtzichtige 'pigs in space' competitie, en zich met echte mensen

gaan bezighouden. Geboortebeperking is het meest belangrijke onderwerp gezien de draagkracht van de planeet. Belangrijker zelfs dan oorlogen. Om te beginnen moeten we leren omgaan met het inclusieve gevoel van de avonturier, reiziger, aardbewoner, mensen- en natuurliefhebber. Maar voordat we zo ver zijn, moeten eerst alle mogelijke fouten gemaakt worden en dat is een flink scala.

Over de schrijver

Bas Vossen (1966) studeerde Nederlandse Taal- en Letterkunde aan de Radboud Universiteit Nijmegen. Hij heeft hiernaast diverse cursussen gevolgd in journalistiek en muziek productie, alsmede informatica. Hij woont in Californië waar hij aan een oude houten boot werkt.